小学5年 国語
ハイクラステスト

はじめに

この『**国語 ハイクラステスト**』は、教科書の内容《ないよう》を十分に理解《りかい》したうえで、よりハイレベルな学力を目指す小学生のみなさんのために編集《へんしゅう》したものです。

本書は、『**国語 標準《ひょうじゅん》問題集**』よりもさらに精選《せいせん》されたハイレベルな問題を集めるとともに、教科書で取り上げられている、いわゆる**“発てん的な学習内容”**もふくまれており、「中学入試準備《じゅんび》問題集」としても活用していただけます。

また、解答編《かいとうへん》には、くわしく親切な「**考え方**」や「**注意**」をもうけて、学習しやすいものにしています。

目次

本書に関する最新情報は，当社ホームページにある本書の「サポート情報」をご覧ください。（開設していない場合もございます。）

1 漢字の読み

（　月　日）

学習内容とねらい

五年生で習う漢字は、入試の出題の中心となります。まちがえた読み方は、復習《ふくしゅう》してきちんと覚えるようにしましょう。

標準クラス

1 次の――線の漢字の読み方を書きなさい。

① 薬液にひたす。
② 桜の花びら。
③ 容器に水を入れる。
④ 金銭にこだわらない。
⑤ 住居をさだめる。
⑥ 価格を表示する。
⑦ 衛生的なくらしを送る。
⑧ 不可能なことではない。
⑨ 水かさが増加する。
⑩ 検定試験に合格《ごうかく》する。
⑪ 個人で参加する。
⑫ 河川がはんらんする。

2 次の――線の漢字の読み方を書きなさい。

① 罪《つみ》を犯す。
② 敵《てき》を破る。
③ 火事を防ぐ。
④ 道に迷う。
⑤ お金を預ける。
⑥ 布を織る。
⑦ はげしく暴れる。
⑧ 身を寄せる。
⑨ どうか許してください。
⑩ よく似た顔。
⑪ 地震《じしん》に備える。
⑫ 自分の考えを述べる。
⑬ 友達を招く。
⑭ 彼《かれ》と別れて久しい。
⑮ 申し出を断る。
⑯ セーターを編む。
⑰ 畑を耕す。
⑱ えさに群がる。

3 次の漢字と同じ音読みを持つ漢字をあとから選び、記号で答えなさい。

① 券（　　）
② 禁（　　）
③ 経（　　）
④ 限（　　）
⑤ 護（　　）
⑥ 耕（　　）
⑦ 混（　　）
⑧ 際（　　）
⑨ 罪（　　）
⑩ 師（　　）

ア 志　イ 険　ウ 候　エ 財　オ 細
カ 均　キ 語　ク 計　ケ 根　コ 減

4 次の問いに答えなさい。

(1) 「生」について、①・②に答えなさい。

① 「生演奏《えんそう》」の読み方を書きなさい。（　　）

② 次の場合の「生」は、①の「生演奏」の「生」と読みがことなる。その場合の「生」の漢字の読み方を書きなさい。

生そば・生じょうゆ（　　）

〈江戸川女子中—改〉

(2) 「音」について、①・②に答えなさい。

① 「音色」の読み方を書きなさい。（　　）

② 「母音」「子音」の読み方を書きなさい。（　　）（　　）

5 次の□に漢字一字を入れると、三つの熟語《じゅくご》ができます。それぞれの□にあてはまる漢字をあとから選び、記号で答えなさい。同じ記号はくり返して使えません。

① 規・型・様（　　）
② 余・復・味（　　）
③ 解・退・歩（　　）
④ 失・北・因（　　）
⑤ 議・理・争（　　）
⑥ 反・帰・略（　　）
⑦ 題・人・料（　　）
⑧ 評・決・定（　　）

ア 制　イ 散　ウ 判　エ 模　オ 省
カ 敗　キ 論　ク 決　ケ 興　コ 材

〈芝浦工業大柏中—改〉

ハイクラス

時間 30分　合格点 75点　得点　点

（　月　日）

1 次の——線の漢字の読み方を書きなさい。（30点・一つ2点）

① 判決が下る。（　）
② 版画をほる。（　）
③ 比重が高い液体《えきたい》。（　）
④ 肥満を気にする。（　）
⑤ 非礼をわびる。（　）
⑥ 備品を整理する。（　）
⑦ 土俵に上がる。（　）
⑧ 評伝を読む。（　）
⑨ 貧血でたおれる。（　）
⑩ 本を複写する。（　）
⑪ 仏教が伝わる。（　）
⑫ 墓前におそなえをする。（　）
⑬ 貿易のさかんな港。（　）
⑭ ピアノにあわせて編曲する。（　）
⑮ 保健室に運ばれる。（　）

2 次の——線の漢字の読み方を書きなさい。（30点・一つ2点）

① 目測できょりをはかる。（　）
② 法則にしたがう。（　）
③ 効率のよい機械。（　）
④ 平易な言葉で説明する。（　）
⑤ カバーが付属している。（　）
⑥ 利益をもたらす。（　）
⑦ 退院する。（　）
⑧ カエルの生態を調べる。（　）
⑨ 団体で申しこむ。（　）
⑩ 道路を横断する。（　）
⑪ 豊作を祝う。（　）
⑫ 友人の弁護をする。（　）
⑬ 銀行に預金をする。（　）
⑭ 車を輸出する。（　）
⑮ 質問に応答する。（　）

3 次の――線の漢字が、他の四つと読み方がことなるものをそれぞれ選び、記号で答えなさい。(15点・一つ3点)

① ア 無作法　イ 無気味　ウ 無用心　エ 無造作　オ 無器用　（　　）

② ア 正直　イ 正規　ウ 正午　エ 正体　オ 正月　（　　）

③ ア 古都　イ 都市　ウ 京都　エ 都合　オ 都会　（　　）

④ ア 黒幕　イ 幕府　ウ 開幕　エ 暗幕　オ 字幕　（　　）

⑤ ア 複雑　イ 雑誌　ウ 乱雑　エ 雑木　オ 雑談　（　　）

〈浦安高中―改〉

発てん **4** 次の□に漢字を入れると、たて・よこそれぞれ四つの熟語《じゅくご》ができます。例を参考に、あてはまる漢字一字をあとから選び、記号で答えなさい。(25点・一つ5点)

例
　外
内□手
　球

〈たて〉外野・野球
〈よこ〉内野・野手

答えは「野」

①
　物
心□科
　解
（　　）

②
　国
意□人
　部
（　　）

③
　無
期□界
　度
（　　）

④
　照
解□暗
　言
（　　）

⑤
　大
平□心
　全
（　　）

ア 明　イ 理　ウ 外　エ 限　オ 安

〈京華中―改〉

2 漢字の書き

学習内容とねらい

画数の多い漢字を覚えるときは、今までに学習した漢字の組み合わせで考えるとよいでしょう。また、入試で出題されやすい熟語《じゅくご》の形で書けるように心がけましょう。

（　月　日）

標準クラス

1 次の――線のかたかなを漢字に直しなさい。

① ヨウケンを短く話す。（　　）
② セイケツな部屋。（　　）
③ 立ち入りはキンシされている。（　　）
④ タイグンがおしよせる。（　　）
⑤ 血液のケンサをする。（　　）
⑥ ものにはゲンドがある。（　　）
⑦ ゲンキンで支払《しはら》う。（　　）
⑧ 薬のコウカを確《たし》かめる。（　　）
⑨ 先生のコウギを聞く。（　　）
⑩ オンコウな人がら。（　　）

2 次の――線のかたかなを漢字に直しなさい。

① 失敗をアヤマる。（　　）
② 考えをノべる。（　　）
③ 友達をマネく。（　　）
④ 絹《きぬ》をオる。（　　）
⑤ イキオいのある波。（　　）
⑥ 後ろにシリゾく。（　　）
⑦ 家をカす。（　　）
⑧ ロープをハる。（　　）
⑨ 堤防《ていぼう》をキズく。（　　）
⑩ 紙がヤブれる。（　　）

3 次の□に共通してあてはまる漢字を書きなさい。

① □害・火□・天□　□
② 交□・国□・実□　□
③ 犯□・□悪・有□　□
④ □成・□美・□同　□
⑤ 意□・同□・有□　□
⑥ □言・□明・検□　□
⑦ □限・□度・体□　□
⑧ □近・直□・□続　□

⑨ □質・酸□・□行　□□

⑩ □害・□失・破□

4 次の□にあてはまる、同じ読み方の漢字を書きなさい。

① フク……□習　□雑

② テキ……□当　□軍

③ チョウ…手□　出□

④ ケン……点□　実□

⑤ ヒョウ…投□　目□

〈共栄学園中〉

5 次の熟語《じゅくご》の対義語《たいぎご》（意味が反対や対になる言葉）を、あとの中から一つずつ選び、漢字に直して書きなさい。

① 主観　（　　）

② 前進　（　　）

③ 統一《とういつ》　（　　）

コンラン	カンタン	キャッカン
コウタイ	ハッテン	タンチョウ

---

6 例にならって、次の□にあてはまる漢字をそれぞれ書きなさい。

例　青↓空↓気、真→空→中

① 梅↓□↓具、長→□→足

② 一↓□↓用、洋→□→従

〈國學院大久我山中〉

7 次のひらがなを漢字に直した場合、例を参考にしてその部首を正しい位置に書きなさい。

例　やさしい人　［イ］

① げきで主役をえんじる。

② 消息をたつ。

③ 最新がたの車。

①□　②□　③□

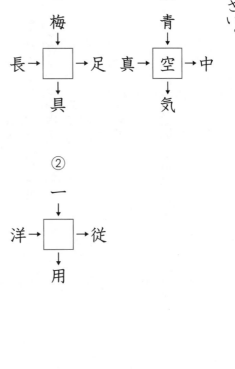

ハイクラス

時間 30分　合格点 75点　得点　点　（　月　日）

1
次の――線のかたかなを漢字に直したとき、正しいものを選び、記号で答えなさい。（10点・一つ一点）

① 入院して二週間たったころ、やっとカイホウに向かった。
ア 解放　イ 快方　ウ 開放　（　）

② コウセイに名を残す大発見だ。
ア 後世　イ 攻勢　ウ 構成　（　）

③ 祖父のイシをついで山を守る。
ア 意思　イ 遺志　ウ 医師　（　）

④ 地球にエイセイの平和が訪《おとず》れることを願う。
ア 衛生　イ 衛星　ウ 永世　（　）

⑤ 妹は、とてもキショウが激《はげ》しい。
ア 気象　イ 気性　ウ 起床　（　）

⑥ シュウカンの雑誌《ざっし》を定期的に読んでいる。
ア 週間　イ 週刊　ウ 習慣　（　）

⑦ 学習に取り組むタイセイとなっている。
ア 態勢　イ 大勢　ウ 体制　（　）

⑧ 試合の後半、コウキをとらえてせめに転じた。
ア 高貴　イ 好機　ウ 好奇　（　）

⑨ 世の人にもっとカンシンを持ってほしい。
ア 感心　イ 寒心　ウ 関心　（　）

⑩ いいキカイだから、よく話し合おう。
ア 機械　イ 機会　ウ 器械　（　）

〈湘南学園中〉

2
次の――線のかたかなを漢字に直しなさい。（20点・一つ2点）

① コウトクシンを養う。（　）
② ノウドウテキに活動する。（　）
③ ヒバイヒンを展示《てんじ》する。（　）
④ ボウカンググを身につける。（　）
⑤ アンゼンベンを閉じる。（　）
⑥ 雑誌のヘンシュウシャになる。（　）
⑦ ネンガジョウを出す。（　）
⑧ ソウセンキョを行う。（　）
⑨ ジガゾウをかく。（　）
⑩ ソッコウジョに勤《つと》める。（　）

3
次の――線のかたかなを漢字に直しなさい。送りがなも答えること。（20点・一つ2点）

① ココロヨイ風がふく。（　）
② えさにムラガル。（　）
③ 要求をシリゾケル。（　）

④ 姿《すがた》をアラワス。
⑤ 土地をタガヤス。
⑥ 子どもをミチビク。
⑦ 画家をココロザス。
⑧ むれをヒキイル。
⑨ 文具店をイトナム。
⑩ 流れにサカラウ。

4 次の□に共通してあてはまる漢字を書きなさい。（20点・一つ2点）

① □信・□路・混□
② □器・美□・形□
③ □字・□図・計□
④ 所□・□性・金□
⑤ □度・実□・生□
⑥ □院・□治・□化
⑦ 確□・軽□・倍□
⑧ □用・道□・人□
⑨ □期・□務・新□
⑩ 水□・□備・基□

5 次の――線のかたかなを漢字に直しなさい。（20点・一つ2点）

① 遊びにキョウじる。
② 新たな策《さく》をコウじる。
③ 一代でザイをなす。
④ 選手のシツがよいチーム。
⑤ 彼《かれ》はジョウにあつい人だ。
⑥ 相手の言葉をセイして発言する。
⑦ ゼイをおさめる。
⑧ クラブにゾクする生徒たち。
⑨ 自分にテキした仕事。
⑩ トクの高いおぼうさま。

発てん

6 次の漢字を組み合わせて、新たに漢字を一字完成させなさい。（10点・一つ2点）

① 牛・寺
② 長・弓
③ 車・土・又
④ 木・主
⑤ 心・相

〔相模女子大中―改〕

3 部首・画数・筆順

〔　月　日〕

学習内容とねらい

部首・画数を正しく理解《りかい》することは、漢字の意味や形を正《せい》確《かく》に覚えることにつながります。また、筆順を覚えることで、形の整った字を書くことができるようになります。

標準クラス

1 次の漢字の部首は、それぞれ漢字のどの部分にありますか。あとから一つずつ選び、記号で答えなさい。

①湖（　　）　②街（　　）
③店（　　）　④道（　　）
⑤寄（　　）　⑥照（　　）
⑦団（　　）　⑧額（　　）
⑨医（　　）

ア へん　**イ** つくり　**ウ** かんむり　**エ** あし
オ たれ　**カ** にょう　**キ** かまえ

2 次の漢字の部首名をあとから一つずつ選び、記号で答えなさい。

①照（　　）　②歌（　　）
③病（　　）　④院（　　）
⑤起（　　）　⑥原（　　）
⑦神（　　）　⑧思（　　）
⑨都（　　）　⑩利（　　）

ア しめすへん　**イ** りっとう　**ウ** れんが(れっか)
エ したごころ　**オ** あくび　**カ** おおざと
キ がんだれ　**ク** やまいだれ　**ケ** そうにょう
コ こざとへん

3 次の漢字の部首と部首名を書きなさい。

①老　部首□　部首名（　　）
②熱　部首□　部首名（　　）
③移　部首□　部首名（　　）

〔西武学園文理中―改〕

4 次の漢字の中で一つだけ部首のことなるものを選び、例にならって記号で答えなさい。また、その部首の形を書きなさい。

例　**ア** 秋　**イ** 和　**ウ** 税　**エ** 積　**オ** 秒
　ことなるもの（**イ**）　部首の形（口）

①　**ア** 化　**イ** 体　**ウ** 仲　**エ** 係　**オ** 仮
　ことなるもの（　　）　部首の形（　　）

②　**ア** 花　**イ** 夢　**ウ** 草　**エ** 茶　**オ** 芽
　ことなるもの（　　）　部首の形（　　）

〔昭和中―改〕

5 次の漢字の総画数を、算用数字で答えなさい。

①道（　　）画　②発（　　）画
③集（　　）画　④飛（　　）画
⑤記（　　）画　⑥帯（　　）画
⑦終（　　）画　⑧級（　　）画
⑨海（　　）画　⑩社（　　）画

6 次の漢字のうち、八画で書けるものを五つ選び、記号で答えなさい。

ア 述　イ 食　ウ 努　エ 刷　オ 約
カ 武　キ 舎　ク 足　ケ 承

（　　　　）

7 次の漢字と同じ画数を持つ漢字を選び、記号で答えなさい。

① 述　ア 差　イ 教　ウ 毒　エ 南　（　　）
② 災　ア 折　イ 肉　ウ 波　エ 速　（　　）
③ 基　ア 益　イ 園　ウ 買　エ 寄　（　　）
④ 能　ア 均　イ 席　ウ 制　エ 限　（　　）

8 次の漢字の七画目を、書き入れなさい。

秘

〔立教池袋中〕

9 次の漢字の筆順が正しいほうを選び、記号に○をつけなさい。

① 河　② 破　③ 性　④ 不　⑤ 費　⑥ 博

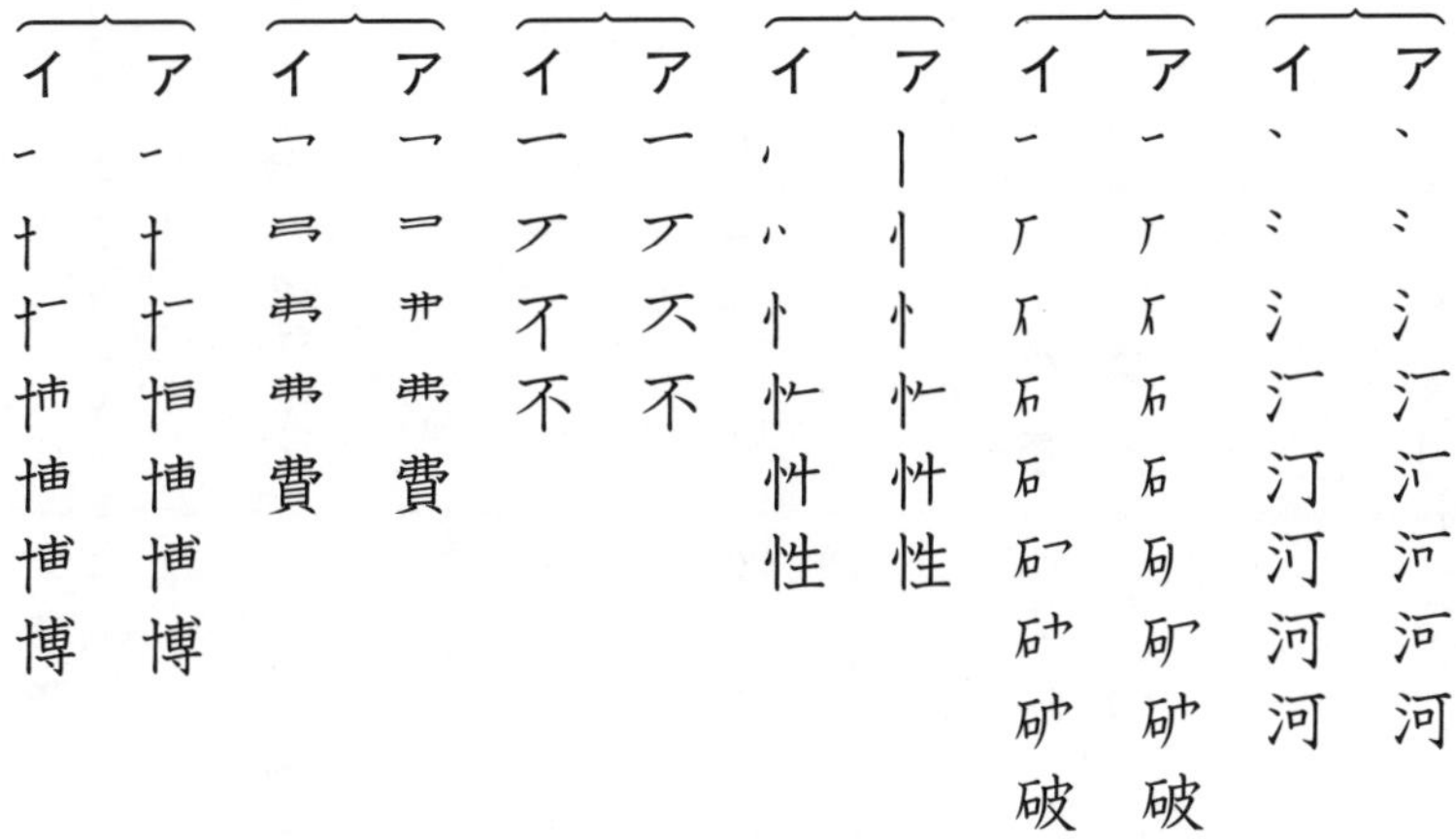

ハイクラス

時間 30分　合格点 75点　得点 点

（　月　日）

1 次の漢字に、共通する部首をつけてできる漢字を用いて、二字の熟語《じゅくご》を作りなさい。また、その共通する部首名を書きなさい。（24点・一つ2点）

① 早・化　熟語［　　］　部首名（　　）
② 月・音　熟語［　　］　部首名（　　）
③ 冬・吉　熟語［　　］　部首名（　　）
④ 音・士　熟語［　　］　部首名（　　）
⑤ 直・木　熟語［　　］　部首名（　　）
⑥ 毎・羊　熟語［　　］　部首名（　　）

2 次の漢字三字の組み合わせの中から、あとのA・Bの条件を満たすものを一つずつ選びなさい。（10点・一つ5点）

ア 問・間・聞　**イ** 在・社・報　**ウ** 程・和・税
エ 易・昼・星　**オ** 進・雑・集

A　三つの漢字の部首がすべて同じ組み合わせのもの
B　三つの漢字の部首がすべてことなる組み合わせのもの

A（　　）B（　　）

〔立教池袋中—改〕

3 次の部首を持つ漢字をあとから選び記号で答えなさい。（10点・一つ一点）

① りっとう（　　）　② やまいだれ（　　）
③ さんずい（　　）　④ にんべん（　　）
⑤ しんにょう（　　）　⑥ ごんべん（　　）
⑦ こざとへん（　　）　⑧ はつがしら（　　）
⑨ おおがい（　　）　⑩ しめすへん（　　）

ア 病　**イ** 席　**ウ** 議　**エ** 待　**オ** 使
カ 財　**キ** 流　**ク** 類　**ケ** 制　**コ** 社
サ 初　**シ** 老　**ス** 発　**セ** 遊　**ソ** 都
タ 陸

4 次の漢字の画数を、算用数字で答えなさい。また、それぞれの漢字の部首名をあとから選び、記号で答えなさい。（10点・一つ一点）

① 腸　画数（　　）画　部首名（　　）
② 複　画数（　　）画　部首名（　　）
③ 犯　画数（　　）画　部首名（　　）
④ 預　画数（　　）画　部首名（　　）
⑤ 起　画数（　　）画　部首名（　　）

ア つきへん　イ こざとへん　ウ けものへん
エ おおがい　オ まだれ　カ しんにょう
キ そうにょう　ク あくび　ケ にくづき
コ ころもへん

5 次の画数を持つ漢字を一つずつ選び、記号で答えなさい。（24点・一つ3点）

① 三画　ア 弓　イ 九　ウ 区　エ 日　オ 中　（　　）
② 四画　ア 氷　イ 予　ウ 世　エ 丸　オ 包　（　　）
③ 五画　ア 耳　イ 争　ウ 比　エ 百　オ 以　（　　）
④ 六画　ア 何　イ 糸　ウ 医　エ 母　オ 歩　（　　）
⑤ 七画　ア 防　イ 次　ウ 好　エ 衣　オ 毎　（　　）
⑥ 八画　ア 考　イ 麦　ウ 承　エ 故　オ 局　（　　）
⑦ 九画　ア 版　イ 協　ウ 門　エ 泳　オ 逆　（　　）
⑧ 十画　ア 張　イ 発　ウ 建　エ 素　オ 祖　（　　）

6 次の漢字の筆順が正しいほうを選び、記号に○をつけなさい。（4点・一つ2点）

① 非　ア 丨 亅 ヨ 非 非 非 非 非　イ 丿 亅 扌 扌 非 非 非 非
② 常　ア ⺌ ⺌ ⺌ 常 常 常 常 常 常 常　イ 丶 ⺌ ⺌ ⺌ 常 常 常 常 常 常 常

7 次の漢字と同じ画数を持つ漢字をあとから選び、記号で答えなさい。（9点・一つ3点）

① 像　ア 線　イ 導　ウ 適　エ 節　（　　）
② 肥　ア 志　イ 官　ウ 紙　エ 部　（　　）
③ 師　ア 問　イ 指　ウ 歯　エ 連　（　　）

発てん
8 次の①〜③の五つの漢字に共通する部首を加えると、それぞれ他の漢字になります。その共通する部首名を書きなさい。（9点・一つ3点）

① 曽・至・古・毛・由　（　　）
② 川・十・午・方・寸　（　　）
③ 川・丁・予・豆・客　（　　）

〔玉川学園中〕

4 熟《じゅく》語《ご》の問題

（　月　日）

学習内容とねらい
熟語の組み立てを考えることによって、それぞれの漢字の意味を正しく理解《りかい》し、未知の熟語について、その意味を類推《るいすい》できるようになります。

標準クラス

1 あとのヒントをもとにして、[AB] にあてはまる二字の熟語《じゅくご》を完成させなさい。

① 銀行で [AB] を下ろす。
ヒント（A：あずける　B：おかね）（　　　）

② クラスの [AB] が弱い。
ヒント（A：むすぶ、まとめる　B：たばねる）（　　　）

③ [AB] の成果を発表する。
ヒント（A：みがく、きわめる　B：きわめる）（　　　）

④ 失敗を [AB] する。
ヒント（A：じぶんで　B：気づく）（　　　）

⑤ 呼《よ》ばれるまで [AB] する。
ヒント（A：まつ　B：きっかけ、その時）（　　　）

⑥ この小説は [AB] だ。
ヒント（A：まだ…しない　B：終わる）（　　　）

⑦ 科学では説明できない [AB] だ。
ヒント（A：あらわれる　B：姿《すがた》、形）（　　　）

⑧ [AB] 両道を目標にする。
ヒント（A：学問、学力　B：戦いの力、運動）（　　　）

⑨ 新しい環境《かんきょう》に [AB] する。
ヒント（A：ぴったり合うこと　B：こたえる）（　　　）

⑩ 夏場は [AB] 管理に注意しよう。
ヒント（A：守る、防ぐ　B：命、健康）（　　　）

〈那須高原海城中―改〉

2 次の熟語の組み立てがわかるように、[例] にならって答えなさい。

[例] 消火（火を消す）
① 登山（　　　）
② 開会（　　　）
③ 読書（　　　）
④ 改心（　　　）
⑤ 乗車（　　　）
⑥ 作文（　　　）
⑦ 投球（　　　）
⑧ 着陸（　　　）

3

次の熟語の組み立てとしてあてはまるものをあとから選び、記号で答えなさい。（同じ記号をくり返し使ってもよい。）

① 通学（　　）　② 寄港《きこう》（　　）
③ 消火（　　）　④ 教育（　　）
⑤ 高低（　　）　⑥ 大木（　　）
⑦ 青空（　　）　⑧ 強弱（　　）
⑨ 計画（　　）

ア 似《に》た意味の漢字を組み合わせたもの。
イ 反対の意味の漢字を組み合わせたもの。
ウ 上の漢字が下の漢字を修飾《しゅうしょく》しているもの。
エ 下の漢字が上の漢字の目的語となっているもの。

4

次の漢字には音読みと訓読みがあります。例にならって、その漢字ともう一字の漢字を用いて、送りがなを必要としない、漢字二字の熟語を作りなさい。（問題の漢字は前後どちらに用いてもよい。）

例 者 → 音（医者）訓（若者）
① 笛 → 音（　　）訓（　　）
② 印 → 音（　　）訓（　　）
③ 束 → 音（　　）訓（　　）

（甲南中—改）

5

次の「シ」には、それぞれことなる漢字が入ります。適切《てきせつ》な漢字を書きなさい。

① ウサギのシ育係になる。
② 住所とシ名を書く。
③ 調べ学習のためのシ料をさがす。
④ 歴シ的な大事件が起こる。
⑤ 学級会でシ会を務《つと》める。
⑥ シ望校を決める。

①□ ②□ ③□ ④□ ⑤□ ⑥□

6

次の①～⑤の□には、すべて音読みで「コウ」という漢字が入ります。例にならって適切な漢字を書きなさい。

例 農 → 耕 → 作
① 有 → □ → 果
② 思 → □ → 察
③ 良 → □ → 意
④ 方 → □ → 上
⑤ 成 → □ → 名

（清風中—改）

ハイクラス

時間 30分　合格点 75点　得点 　点

（　月　日）

1 次の――線のかたかなを漢字に直したとき、それと同じ漢字を用いるものをあとから選び、記号で答えなさい。（20点・一つ4点）

① 外国とのボウエキをさかんにする。
ア イ服を改めて会議に出かける。
イ 自分の仕事を彼《かれ》にイ任する。
ウ 正確《せいかく》なイ置を確《たし》かめる。
エ これは容イなことではない。
（　　）

② 古いカオクを取りこわす。
ア ヤ根に登って調べる。
イ ヤ外のコンサートに出かける。
ウ ヤ印の方向に進めばよい。
エ ヤ重桜《えざくら》が美しくさいている。
（　　）

③ ここからあとはすべてショウリャクする。
ア セイ人君子のような人だ。
イ きちんと反セイしなさい。
ウ 長年の借金をセイ算する。
エ セイ実な人がらだ。
（　　）

④ いかりのギョウソウでにらんだ。
ア 彼とはいとこの関ケイです。
イ 模《も》ケイの船を作る。
ウ ケイ費をできる限《かぎ》り節約する。
エ 動物のケイ態《たい》はさまざまだ。
（　　）

⑤ 地価《ちか》が大きくゲラクする。
ア カ失をおかしてしまう。
イ 灯カ親しむべき候となった。
ウ 今の状況《じょうきょう》カではとても旅行は無理だ。
エ 近代カが急激《きゅうげき》に進んでいる。
（　　）

（岡山白陵中）

2 次の各組の熟語《じゅくご》のうち、(A)・(B)に共通してあてはまる漢字を書きなさい。ただし、(A)・(B)でことなる読み方をする。（20点・一つ4点）

① 地(A)・意(B)
② 正(A)・垂《すい》(B)
③ 過(A)・(B)年
④ 留(A)・(B)備

⑤　旅（A）・（B）列

□

〔淳心学院中〕

3　「増減《ぞうげん》」と同じ組み立ての熟語を次から選び、記号で答えなさい。（3点）

ア 収支《しゅうし》　**イ** 解答《かいとう》　**ウ** 確認《かくにん》　**エ** 出演《しゅつえん》　（　　）

〔郁文館中〕

4　次の熟語のうち、組み立てのことなるものを一つ選び、記号で答えなさい。（3点）

ア 入試　**イ** 高校　**ウ** 会議　**エ** 国連　（　　）

〔國學院大久我山中〕

5　次の熟語と同じ組み立ての熟語をあとから選び、記号で答えなさい。（20点・一つ4点）

① 多読（　　）　② 入試（　　）

③ 快活《かいかつ》（　　）　④ 無用（　　）

⑤ 着陸（　　）

ア 高校　**イ** 伝聞　**ウ** 帰国　**エ** 進展《しんてん》

オ 年々　**カ** 強敵《きょうてき》　**キ** 不満

〔東京成徳大中―改〕

6　次の各組の熟語のうち、熟語の読み方（音読み・訓読み）の組み合わせがほかの熟語とことなるものを一つ選び、記号で答えなさい。（16点・一つ4点）

① **ア** 本屋　**イ** 台所　**ウ** 疑問　**エ** 試合　（　　）

② **ア** 潮風　**イ** 友達　**ウ** 野宿　**エ** 手帳　（　　）

③ **ア** 遺産　**イ** 宇宙　**ウ** 改革　**エ** 残高　（　　）

④ **ア** 砂場　**イ** 雨具　**ウ** 毛糸　**エ** 針金　（　　）

〔昭和女子大付中〕

7　次の□に入れて、上から下、左から右へ読める熟語になるように、あとの□の中から一つ選び、漢字に直して答えなさい。（18点・一つ3点）

① 建／□／置

② 現／□／現

③ 発／□／開

④ 平／□／等

⑤ 神／□／過

⑥ 情／□／道

きん　じつ　ほう　てん　せつ　けい

〔女子美術大付中―改〕

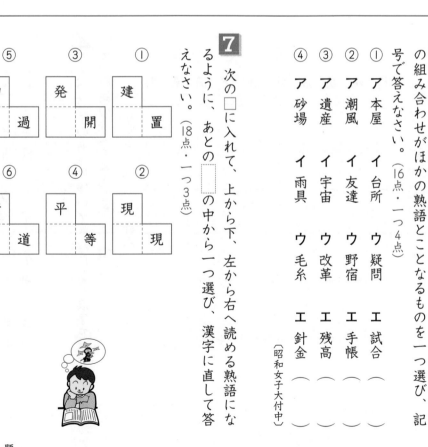

チャレンジテスト①

時間 30分　合格点 75点　得点 　点

（　月　日）

1 次の漢字の読み方を書きなさい。(10点・一つ1点)

① 承る（　　）
② 志す（　　）
③ 快い（　　）
④ 営む（　　）
⑤ 導く（　　）
⑥ 率いる（　　）
⑦ 退く（　　）
⑧ 謝る（　　）
⑨ 過ち（　　）
⑩ 断つ（　　）

2 次の漢字の読み方を書きなさい。(10点・一つ1点)

① 布団（　　）
② 余興（　　）
③ 留任（　　）
④ 反応（　　）
⑤ 招待（　　）
⑥ 解読（　　）
⑦ 境界（　　）
⑧ 芸能（　　）
⑨ 鉱脈（　　）
⑩ 雑草（　　）

3 次の漢字と同じ訓読みを持つ漢字をあとから選び、記号で答えなさい。(20点・一つ2点)

① 織（　）
② 飼（　）
③ 在（　）
④ 採（　）
⑤ 効（　）
⑥ 移（　）
⑦ 経（　）
⑧ 厚（　）
⑨ 造（　）
⑩ 留（　）

ア 止　イ 有　ウ 作　エ 取　オ 熱
カ 折　キ 買　ク 写　ケ 聞　コ 減

4 次の漢字のあとに続いて熟語《じゅくご》になる漢字をあとから選び、その熟語の読みを書きなさい。(20点・一つ2点)

	記号	読み
① 往	（　）	（　）
② 義	（　）	（　）
③ 旧	（　）	（　）
④ 演	（　）	（　）
⑤ 許	（　）	（　）
⑥ 険	（　）	（　）
⑦ 混	（　）	（　）
⑧ 墓	（　）	（　）
⑨ 規	（　）	（　）
⑩ 格	（　）	（　）

ア 技　イ 悪　ウ 前　エ 言　オ 則
カ 復　キ 雑　ク 務　ケ 友　コ 可

5

次の①～⑤について、㋐――線の漢字の読み方を書きなさい。また、㋑例にならってその漢字を上下どちらかに使って、□にふさわしい二字の熟語を書きなさい。（20点・一つ2点）

例
- ㋐ 配る（くば）
- ㋑ 明日は遠足だが、予報《よほう》では雨の［心配］はないようだ。

①
- ㋐ 修める（　　）
- ㋑ 悪化したとなりの国との関係を□□する。

②
- ㋐ 群がる（　　）
- ㋑ このぬまには、水ばしょうが□□している。

③
- ㋐ 挙げる（　　）
- ㋑ 二大会連続優勝《ゆうしょう》の□□を成しとげた。

④
- ㋐ 経る（　　）
- ㋑ 成田からパリを□□してロンドンに行く。

⑤
- ㋐ 在る（　　）
- ㋑ 彼《かれ》の歌唱力は、年を取った今もなお□□だ。

6

次の①～⑤について、㋐・㋑の文の□にはそれぞれ音読みで同じ読み方をし、共通の部分をもつ漢字が入ります。例にならって書きなさい。（20点・一つ4点）

例
- ㋐ ［気］は心
- ㋑ ［汽］笛を鳴らす。

①
- ㋐ □心の部下に裏切《うらぎ》られる。
- ㋑ やっと□調のきざしがみえてきた。

②
- ㋐ 処世《しょせい》□を身につける。
- ㋑ 著《ちょ》□業に精《せい》を出す。

③
- ㋐ 彼には□質《しつ》がある。
- ㋑ 彼は□勢《せい》がよい。

④
- ㋐ 門戸を開□する。
- ㋑ 諸国《しょこく》を歴□する。

⑤
- ㋐ 明□止水
- ㋑ 逆《ぎゃっ》□に負けない。

5 三字・四字熟語《じゅくご》

学習内容とねらい

三字・四字熟語は慣用句《かんようく》の問題のように意味を優先《ゆうせん》して覚えていきましょう。また、同音異字《どうおんいじ》を書いてしまうことがあるので、注意が必要です。

（　月　日）

標準クラス

1 次の——線のかたかなは漢字に直し、漢字は読み方を書きなさい。

① 近似値を計算する。（　　）
② 無意識のうちに動く。（　　）
③ 門外漢なので口出しはしない。（　　）
④ 先入観にとらわれる。（　　）
⑤ 年功序列の会社。（　　）
⑥ 一朝一夕には成しとげられない。（　　）
⑦ 優勝はゼツボウテキになる。（　　）
⑧ 大きな声でサンビカをうたう。（　　）
⑨ チョウリシの免許《めんきょ》を取る。（　　）
⑩ ソフボを先生にしょうかいする。（　　）
⑪ どれもダイドウショウイだろう。（　　）
⑫ ニッシンゲッポの革新《かくしん》だ。（　　）
⑬ ゼンダイミモンの出来事。（　　）

2 次の□に漢字を一字入れ、三字熟語《じゅくご》を完成させなさい。

① 大□円　② 紙一□
③ 茶□事　④ 子□線

3 次の熟語に「人」を表す漢字一字をつなげて、言葉を完成させなさい。答えは、あてはまる漢字をあとから選び、記号で答えなさい。（同じ記号はくり返して使えません。）

① 勉強（　　）　② 試験（　　）
③ 原始（　　）　④ 朝寝《あさね》（　　）
⑤ 消防《しょうぼう》（　　）　⑥ 一番（　　）
⑦ 気分（　　）　⑧ 数学（　　）
⑨ 青二（　　）　⑩ 三冠《さんかん》（　　）
⑪ 公務《こうむ》（　　）　⑫ 学校（　　）

ア 長　イ オ　ウ 官　エ 虫
オ 坊《ぼう》　カ 子　キ 屋　ク 家
ケ 士　コ 者　サ 師《し》　シ 民
ス 王　セ 手　ソ 員　タ 人

4 次の□に、打ち消しの役割《やくわり》を果たす漢字一字を書きなさい。

① □完成
② □心得
③ □常識《じょうしき》

〈実践女子学園中〉

5 次の四字熟語の読みを書き、その意味をあとから選んで、記号で答えなさい。

① 栄枯盛衰　読み（　　　）　意味（　　）
② 孤立無援　読み（　　　）　意味（　　）
③ 試行錯誤　読み（　　　）　意味（　　）
④ 一網打尽　読み（　　　）　意味（　　）
⑤ 疑心暗鬼　読み（　　　）　意味（　　）
⑥ 金科玉条　読み（　　　）　意味（　　）

〈意味〉
ア ぜひとも守らなければならない規則《きそく》。
イ 実行し、失敗をしながら成功に近づくこと。
ウ さかえたり、おとろえたりすること。
エ 一回ですべてのものをとらえること。
オ すべてが信じられなくなり不安なこと。
カ たよりになる人がだれもいなくなること。

6 次の四字熟語のグループのうち、成り立ちのことなるものを一つ選び、記号で答えなさい。また、選んだもの以外の熟語の組み立てとして適切《てきせつ》なものを、あとから選び、記号で答えなさい。

① **ア** 悪戦苦闘《くとう》　**イ** 公明正大　**ウ** 我田引水《がでん》　**エ** 完全無欠　**オ** 無理難題《なんだい》
ことなるもの（　）　成り立ち（　）

② **ア** 古今東西　**イ** 利害得失　**ウ** 離合集散《りごう》　**エ** 有名無実　**オ** 老若男女
ことなるもの（　）　成り立ち（　）

③ **ア** 喜怒哀楽《きどあいらく》　**イ** 臨機応変《りんきおうへん》　**ウ** 花鳥風月　**エ** 冠婚葬祭《かんこんそうさい》　**オ** 起承転結《きしょう》
ことなるもの（　）　成り立ち（　）

〈組み立て〉
A 上の熟語が下の熟語にかかっていくもの。
B 反対の意味の熟語を組み合わせたもの。
C 一字一字が対等の関係にあるもの。
D 似《に》た意味の熟語を組み合わせたもの。
E 反対の意味でできた熟語どうしを組み合わせたもの。

〈鎌倉学園中〉

ハイクラス

時間 30分　合格点 75点　得点 点　（ 月 日）

1 「非常識《ひじょうしき》」のように、二字熟語《じゅくご》に「非」をつけて三字熟語が成り立つものを次からすべて選び、記号で答えなさい。（5点）

ア 日常　**イ** 用意　**ウ** 遠慮《えんりょ》
エ 公式　**オ** 秩序《ちつじょ》

（　　　）

〔浦和明の星女子中―改〕

2 次の四字熟語のまちがいを、例にならってそれぞれ直しなさい。（14点・一つ2点）

例 自我自賛　（我 → 画）
① 一進全退　（　 → 　）
② 大機晩成　（　 → 　）
③ 千差万同　（　 → 　）
④ 油断大適　（　 → 　）
⑤ 同工異歌　（　 → 　）
⑥ 急展直下　（　 → 　）
⑦ 事実無混　（　 → 　）

〔北鎌倉女子学園中―改〕

3 次の□に漢字を入れ、四字熟語を完成させなさい。（12点・一つ3点）

① 非常に素早《すば》い動作のこと。　□□石火
② りくつを言わずに、だまってすること。　不言□□
③ 大勢《おおぜい》の客が入れかわり立ちかわり来ること。　□客□来
④ 苦しくて転げまわること。　□転□倒《とう》

4 次のことわざ・慣用句《かんようく》に関係の深い四字熟語をあとから選び、記号で答えなさい。（12点・一つ3点）

① 備《そな》えあれば憂《うれ》いなし　（　　）
② かえるの面《つら》に水　（　　）
③ 身から出たさび　（　　）
④ しり馬に乗る　（　　）

ア 弱肉強食　**イ** 我田《がでん》引水　**ウ** 用意周到《しゅうとう》
エ 付和雷同《らいどう》　**オ** 馬耳東風　**カ** 自業《じごう》自得
キ 一喜一憂《いちゆう》　**ク** 心機一転

〔日本大第二中―改〕

5 次の四字熟語の（　）にあてはまる漢字を〔I群《ぐん》〕から、意味を〔II群〕からそれぞれ選び、記号で答えなさい。（30点・一つ3点　※四字熟語は完答）

① 一（　）二（　）　意味（　）
② 二（　）三（　）　意味（　）
③ （　）三（　）四　意味（　）
④ 四（　）五（　）　意味（　）
⑤ 七（　）八（　）　意味（　）

〔I群〕
ア 朝　**イ** 石　**ウ** 起　**エ** 暮《ぼ》　**オ** 束
カ 転　**キ** 鳥　**ク** 分　**ケ** 文　**コ** 裂《れっ》

〔II群〕
A 目先のちがいにとらわれて、結局は同じ結果であることを理解《りかい》しないこと。
B ばらばらになってしまうこと。まとまりのあるものが秩序を失い、みだれること。
C 何度失敗してもくじけず、立ち上がって努力すること。
D 売値《うりね》が非常に安いこと。いくら売っても、もうけが出ないこと。
E 一つのことをして、二つの利益《りえき》を得るたとえ。

〔横浜中〕

6 例のように、漢字を上下左右につなげて四字熟語になるように囲みなさい。また、その四字熟語を書きなさい。（27点・一つ3点）

例

直	刀	単	体	同	心
入	体	絶《ぜっ》	命	千	一
長	絶	温	心	差	万
深	知	故《こ》	伝	心	別
味	新	変	応	以	大
意	寒	異《い》	機	道	断《だん》
音	同	口	臨《りん》	語	言

例（一心同体）
（　）（　）（　）（　）（　）
（　）（　）（　）（　）

〔神田女学園中〕

6 ことわざ・慣用句《かんようく》

学習内容とねらい

ことわざ・慣用句については、意味とその用法を正しく覚えるようにしましょう。読解《どっかい》におけるキーワードにもなります。

（　月　日）

標準クラス

1 次の□に漢字一字を入れてことわざ・慣用句《かんようく》を完成させ、また、適切《てきせつ》な意味をあとから選んで、記号で答えなさい。

① □は熱いうちに打て　（　　）

② 横□を押《お》す　（　　）

③ 立つ□、あとをにごさず　（　　）

④ □にきぬ着せぬ　（　　）

ア 他の場所へ行くときは、後始末をしていくものだということ。

イ りくつに合わないことでも、無理に押し通そうとすること。

ウ 物事は適切なときに実行するのがいいということ。

エ 思っていることをかざることなくそのまま言うこと。

2 次の——線のことわざ・慣用句が正しい意味で用いられているものは○、まちがっているものには×を書きなさい。

① この辺りでは、花よりだんごが知られている。　（　　）

② わたる世間に鬼《おに》はないというが、本当に親切な人がいるものだ。　（　　）

③ おぼれるものはわらをもつかむというわけで、先生にお願いに参りました。　（　　）

④ 仏《ほとけ》の顔も三度ならば、たいていのことはかなえてくれるだろう。　（　　）

⑤ こんな大きなステレオなど無用の長物だ。　（　　）

⑥ 彼《かれ》は判官《ほうがん》びいきで、いつでもかっこいい人ばかり応援《おうえん》する。　（　　）

⑦ 清水《きよみず》の舞台《ぶたい》から飛び降《お》りるようなばかなまねをするものではない。　（　　）

⑧ 彼があんな生活をしているのも、もとはといえば身から出たさびだ。　（　　）

〔慶應義塾中〕

3 次の慣用句の意味にあたる熟語《じゅくご》をあとから選び、記号で答えなさい。

① 一目置く（　　）
② 折り紙をつける（　　）
③ 額《ひたい》を集める（　　）
④ 骨《ほね》を折る（　　）
⑤ 胸《むね》をなで下ろす（　　）
⑥ 気が置けない（　　）
⑦ 値《ね》が張《は》る（　　）

ア 不信　**イ** 苦労　**ウ** 保証《ほしょう》　**エ** 安心
オ 非礼《ひれい》　**カ** 気楽　**キ** 尊敬《そんけい》　**ク** 相談
ケ 高価《こうか》　**コ** 無用

〔跡見学園中〕

4 次の□には、体の一部を表す漢字が一字入ります。あてはまるものをあとから選び、記号で答えなさい。

① □のすく光景。（　　）
② 友人の話に思わず□をうたがった。（　　）
③ □をこまねいて見るしかない。（　　）
④ □を長くして待つ。（　　）

ア 頭　**イ** 耳　**ウ** 舌《した》　**エ** 顔　**オ** 首
カ 目　**キ** 胸　**ク** 鼻　**ケ** 手　**コ** 足

5 次のそれぞれの文に用いられている慣用句が、あとの意味になるように、□に漢字一字を書きなさい。

① 今までの結果は□に流し、最善《さいぜん》をつくそう。
（意味）なかったことにする。
② 仕事もしないで□を売る。
（意味）なまける。
③ 今日の彼女《かのじょ》は□の居所《いどころ》が悪そうだ。
（意味）きげんが悪い。
④ 親孝行《おやこうこう》な息子《むすこ》を持って、□が高い。
（意味）得意でほこらしい。
⑤ ぼくと彼は、みょうに□が合う。
（意味）気が合う。

6 次の文の（　）にあてはまる慣用句をあとから選び、記号で答えなさい。

・事情《じじょう》を知らない店員は、彼の商品に対する知識《ちしき》の奥深《おくぶか》さに、内心では（　）のだった。（　　）

ア 舌を出す　**イ** 舌を巻《ま》く
ウ 舌をふるう　**エ** 舌が回る

〔相模女子大中―改〕

ハイクラス

時間	合格点	得点
30分	75点	点

〔　月　日〕

1 次の（　）にあてはまる言葉を書き、ことわざを完成させなさい。（ひらがなでもかまいません。）（12点・一つ3点）

① 雨降《ふ》って（　　　　）

② 死人に（　　　　）

③ こまったときの（　　　　）

④ 情《なさ》けは人の（　　　　）

2 次のことわざの中に出てくる「三」という数字が「たびたび」「長い期間」という意味で使われていれば**ア**、「わずかな」「短い期間」という意味で使われていれば**イ**、どちらでもないものは**ウ**を書きなさい。（18点・一つ3点）

① 仏《ほとけ》の顔も三度まで（　　）

② 一富士《ふじ》二たか三なすび（　　）

③ 石の上にも三年（　　）

④ 二束三文（　　）

⑤ 三日天下（　　）

⑥ 三人寄《よ》れば文殊《もんじゅ》の知恵《ちえ》（　　）

〔昭和女子大付中―改〕

3 次の意味になるように□に漢字一字を入れ、言葉を完成させなさい。（16点・一つ2点）

① 経験《けいけん》・知識《ちしき》などが少しすぐれていること。　一日の□

② 二者の争いに第三者が介入《かいにゅう》し得をすること。　漁夫の□

③ 長く住むと、どんな所でも良く思えてくること。　住めば□

④ しめくくりを立派《りっぱ》にすること。　有終の□

⑤ 将来《しょうらい》のことを見通すすぐれた目。　先見の□

⑥ 見ているだけで、手にすることができないもの。　高嶺《たかね》の□

⑦ ほかのことが気になって、注意が向かないこと。　うわの□

⑧ おさななじみ。　竹馬の□

4 次の慣用句《かんようく》の中で、「青ざめた」のように□に「青」が入らないものを選び、記号で答えなさい。（3点）

ア □菜に塩　**イ** □田買い

ウ □一点　**エ** □天井《てんじょう》

（　　）〔戸板中〕

5 次の慣用句を用いたそれぞれの文には、まちがいがあります。その部分をぬき出し、正しく書き直しなさい。（15点・一つ3点）

① 両親は子どもたちのために骨《ほね》を粉にして働いた。（　　）→（　　）

② 間近にせまった運動会に体をおどらせる。（　　）→（　　）

③ 目を糸にして落としたコンタクトレンズをさがす。（　　）→（　　）

④ あの手のこうを返したような態度《たいど》は何だ。（　　）→（　　）

⑤ 現《げん》時点の収支《しゅうし》計算ではどうしても手が出る。（　　）→（　　）

〈淳心学院中〉

6 次の（　）にあてはまる動物の名前を書き、ことわざ・慣用句を完成させなさい。（ひらがなでもかまいません。）（15点・一つ3点）

①（　　）の行水

② 天高く（　　）肥《こ》ゆる秋

③（　　）に小判《こばん》

④（　　）も木から落ちる

⑤（　　）に真珠《しんじゅ》

〈昭和学院中〉

7 次の□に漢字を入れてことわざを完成させ、適切《てきせつ》な意味をあとから選んで、記号で答えなさい。（15点・一つ3点）

① まかぬ□は生えぬ（　　）

② わざわいを転じて□となす（　　）

③ 灯台下□し（　　）

④ □心あれば水心（　　）

⑤ 弘法《こうぼう》にも□のあやまり（　　）

ア 自分が相手に好意を示《しめ》せば、相手も好意を持って応対する。

イ 何もしないで良い結果は得られない。

ウ 身近なことはかえって気づきにくい。

エ 災難《さいなん》をうまく利用して、幸せになるようにする。

オ どんな達人でも失敗することがある。

〈関東学院六浦中―改〉

8 次のそれぞれの文の□に漢字一字を入れて、慣用句を完成させなさい。（6点・一つ3点）

① わたしの□の黒いうちは勝手なことはさせない。

② 今年の運動会は勝敗だけにこだわらず、いろいろと楽しめるように□をくだいた。

7 和語・漢語・外来語

（　月　日）

学習内容とねらい

言葉には和語と漢語があります。また、外国から来た言葉として外来語があります。知らない言葉はきちんと辞書で調べるようにしましょう。

標準クラス

1 次のそれぞれの言葉に、和語であれば**ア**、漢語であれば**イ**、外来語であれば**ウ**を書きなさい。

① カーニバル（　　）
② 漢字（　　）
③ 皿（　　）
④ 山脈（　　）
⑤ ピアノ（　　）
⑥ 動き（　　）
⑦ ごはん（　　）
⑧ ポーズ（　　）

2 次の言葉の意味を下から選び、記号で答えなさい。

① ひたむきに
ア おちつきがなく
イ 必死に、いちずに
ウ ひかえめに
（　　）

② おもむろに
ア あわてて
イ おおげさに
ウ ゆっくりと
（　　）

③ おざなりに
ア いいかげんに
イ しんちょうに
ウ 動かないで
（　　）

④ 悪寒《おかん》
ア 心がひどく冷たいこと
イ ひどく寒いこと
ウ 体調が悪くて寒気がすること
（　　）

⑤ 意図
ア ねらい
イ 細かな絵
ウ 気持ち
（　　）

⑥ 究明
ア はっきり考えること
イ つきとめること
ウ 問いただすこと
（　　）

⑦ 曲解《きょっかい》
ア じっくり考えること
イ 器用に解《と》きこなすこと
ウ まちがって考えること
（　　）

⑧ 苦情《くじょう》
ア 苦しみ
イ 文句
ウ 苦み
（　　）

⑨ インフォメーション
ア 隊形
イ 情報《じょうほう》
ウ 変身
（　　）

⑩ スローガン
ア 標語
イ 武器
ウ 地球
（　　）

⑪ アドバイス
ア 節制
イ 原料
ウ 忠告《ちゅうこく》
（　　）

⑫ トラブル
ア きせき
イ もめごと
ウ 上品な
（　　）

⑬ ユニーク
ア 特別な
イ 個性《こせい》的な
ウ 一般《いっぱん》的な
（　　）

3 次の——線の意味を持つ外来語をあとから選び、記号で答えなさい。

① すばらしい考えがひらめいた。（　　）
② アニメの主題歌を口ずさむ。（　　）
③ たくさんの質問《しつもん》に答える。（　　）
④ 新しい運動ぐつにはきかえる。（　　）

ア アンケート　イ アイディア
ウ スニーカー　エ テーマソング

4 次の——線の言葉が正しく使われているものには○、あやまっているものには×を書きなさい。

① プレゼントにそぐわないものを選んだので、喜んでもらえました。（　　）
② 果物の中でも、とりわけメロンが好きだ。（　　）
③ きわめて精《せい》こうな時計でくるいがない。（　　）
④ 転校は内密《ないみつ》にしていたので、みんなが知っていた。（　　）
⑤ みんななかよく円満な家庭をめざす。（　　）
⑥ 彼《かれ》とはライバルで、よく試合をする。（　　）
⑦ 父はコストが高いので、頭がいい。（　　）
⑧ 保護者《ほごしゃ》のネットワークで、防犯《ぼうはん》に注意する。（　　）
⑨ ジレンマが見つかって、問題が解決《かいけつ》する。（　　）

5 次の——線の言葉を和語・漢語・外来語に分けて、記号で答えなさい。

ア きのう、イ 友人と大好きなウ アイドルのエ コンサートに出かけた。会場はとてもオ 広く、多くのカ 人々がいた。キ おこづかいでク グッズを買った。まだ、あのときのケ 興奮《こうふん》がさめていない。

和語（　　）
漢語（　　）
外来語（　　）

ハイクラス

時間 30分　合格点 75点　得点　　点

（　月　日）

1

次の――線の言葉は、和語としても漢語としても使われる熟語《じゅくご》です。意味のちがいに注意して、それぞれの読みを答えなさい。（24点・一つ2点）

① ㋐ 息をふきかけて風車を回す。（　　）
　 ㋑ 遠くに風車小屋が見える。（　　）

② ㋐ このことが知れると大事になる。（　　）
　 ㋑ 何が大事かよく考えなさい。（　　）

③ ㋐ 一月一日を元日という。（　　）
　 ㋑ けがが治るのに一月かかった。（　　）

④ ㋐ 水辺の生物について調べる。（　　）
　 ㋑ 生物なので早く食べてください。（　　）

⑤ ㋐ 目下の人には親切にしよう。（　　）
　 ㋑ 目下、スポーツに熱中している。（　　）

⑥ ㋐ 色紙にサインをしてもらう。（　　）
　 ㋑ 色紙でつるを折る。（　　）

2

次の□に漢字を入れて熟語を完成し、その意味を持つ外来語をあとから選んで、記号で答えなさい。（30点・一つ3点）

① 老人ホームに奉《ほう》□活動に行く。（　　）
② 空きかんを□利用する運動がさかんになる。（　　）
③ 思いもかけない出来事で□乱《らん》におちいる。（　　）
④ ファッションの流□を先取りする。（　　）
⑤ それはとても良い□想だ。（　　）

ア リサイクル　**イ** アイディア　**ウ** ブランド
エ トレンド　**オ** プライバシー　**カ** パニック
キ ボランティア　**ク** リズム

3

次の――線の言葉を和語・漢語・外来語に分けて、記号で答えなさい。（6点・一つ2点）

ア午前中に、イ母とウ近所のエショッピングセンターに行った。ぼくの大好きなオコミックがカ発売されたと聞いたからだ。家に帰るとキ食事もそこそこにク一息に読み終えた。またぼくのケコレクションが増《ふ》えた。

和語（　　）
漢語（　　）
外来語（　　）

4 次の①～⑥の各文の（　）にあてはまる熟語を、あとの□の漢字を組み合わせてそれぞれ作りなさい。（同じ漢字はくり返して使えない。）（12点・一つ2点）

① （　）みだれぬ団結力。

② 電光（　）のはやわざ。

③ ビルが（　）する官庁街《かんちょうがい》。

④ 彼《かれ》は日本画の（　）だ。

⑤ （　）東西の名作を読む。

⑥ （　）六時の出発だ。

朝	林	火	一	大	今	森
石	古	家	立	明	糸	水

5 次の文の「サイクル」という外来語について、ここでの意味をあとから選び、記号で答えなさい。（4点）

・は虫類の睡眠《すいみん》サイクルは、種類にもよるものの自然のサイクルに近いものが多い。

ア 法則《ほうそく》　イ 周期　ウ 組織《そしき》　エ 方法

（明治大付属中）

（　　）

6 次の□には、それぞれ同じ漢字が入ります。あてはまる漢字を答えなさい。（18点・一つ3点）

① □果的な方法。／かぜに□く薬。

② かなり□雑する。／□み合う車内。

③ 先生に□名される。／北を目□す。

④ □文を作る。／動物に□えて言ってください。

⑤ □の中のことを知る。／□界を見る旅に出る。

⑥ いろいろな手段を□みる。／休み明けの□験を受ける。

7 次の（　）に適切《てきせつ》な言葉を入れて、表を完成させなさい。（6点・一つ3点）

和語	漢語	外来語
はじまり	開始	（②）
速さ	（①）	スピード

①（　　）　②（　　）

チャレンジテスト②

時間 30分　合格点 75点　得点　点

（　月　日）

1 意味を参考にして、次の（　）に動物の名前を書き、ことわざ・慣用句《かんようく》を完成させなさい。（ひらがなでもかまいません。）（33点・一つ3点）

①（　　　）ごっこ
（意味）同じことのくり返しばかりで少しも続かない。

②（　　　）のぼり
（意味）物価《ぶっか》・温度・人気などがぐんぐん上がること。

③（　　　）でたいを釣《つ》る
（意味）わずかな負担《ふたん》で大きな利益《りえき》をあげること。

④（　　　）返し
（意味）人の言葉をそっくり言い返すこと。

⑤（　　　）の子を散らす
（意味）ちりぢりばらばらににげていくこと。

⑥（　　　）手も借りたい
（意味）非常《ひじょう》にいそがしくて、いくらでも人手がほしいこと。

⑦しり切れ（　　　）
（意味）中途半端《ちゅうとはんぱ》であること。

⑧鳥なき里の（　　　）
（意味）すぐれた者がいないところで、つまらない者がいばりちらすことのたとえ。

⑨やなぎの下の（　　　）
（意味）ある方法で幸運を手にすることができたからといって、もう一度同じ方法で幸運を得ることはできないというたとえ。

⑩（　　　）につままれる
（意味）意外なことが起き、何が何だかわからない。

⑪（　　　）も鳴かずば打たれまい
（意味）よけいなことをしなければ、害を受けることはないこと。

2 次の（　）に色を表す漢字一字を書き、慣用句を完成させなさい。（15点・一つ3点）

①おとなしそうに見えて、実は腹《はら》が（　　　）い男だ。

②予定がくるってしまったので、あの話は（　　　）紙にもどしてくれないか。

③どうしていいかわからず、頭の中がまっ（　　　）になる。

④彼《かれ》と私《わたし》とは、（　　　）の他人だ。

⑤その悲しい知らせを聞き、たちまち彼は（　　　）ざめた。

3

次の文でまちがった言葉の用法があるものを一つずつ選び、記号で答えなさい。（6点・一つ2点）

① ア 体の柔軟《じゅうなん》さを見せる。
イ パソコンの便利さにおどろく。
ウ 警備《けいび》の完全さをほこる。
エ テストの結果さが気にかかる。
（　　）

② ア たのみごとを一つ返事で引き受ける。
イ ばかの一つ覚えですませる。
ウ 気が遠くなるほどたくさんの宿題だ。
エ 一つなべの物を食べた仲間だ。
（　　）

③ ア 幸先《さいさき》のよい出来事だ。
イ 的を得た発言をする。
ウ 昨年の汚名《おめい》をすすぐ。
エ 勝ったとたん大きな顔をする。
（　　）

4

次の問いに答えなさい。（6点・一つ2点）

① 次から「晴れた空」を表す言葉でないものを一つ選び、記号で答えなさい。
ア 快晴《かいせい》　イ 炎天《えんてん》　ウ 日輪　エ 青二才　オ 日本晴れ
（　　）

② 次から「夜明けごろ」を表す言葉でないものを一つ選び、記号で答えなさい。
ア 小夜《さよ》　イ あかつき　ウ あけぼの　エ しののめ　オ 未明
（　　）

③ 「光陰《こういん》矢のごとし」の意味としてふさわしいものを、次の中から一つ選び、記号で答えなさい。
ア 陽光はめにつきささるくらいまぶしい。
イ 日なたと日陰《ひかげ》のように差がいちじるしい。
ウ 月日が過《す》ぎていくのはとても早い。
エ すんだことを後悔《こうかい》してはいけない。
（高輪中―改）（　　）

5

次の（　）にあてはまる漢字一字をあとから選び、記号で答えなさい。（同じ記号はくり返して使えません。）（40点・一つ4点）

① あの人の行いは（　　）に余《あま》る。
② みんな（　　）をつぐんで知らぬふりをした。
③ 友の一言に（　　）をうたがった。
④ あげ（　　）を取るような意見だ。
⑤ 八方（　　）をつくしてさがした。
⑥ 最後には私《わたし》も（　　）を決めた。
⑦ 兄には（　　）が上がらない。
⑧ 日本チームの敗戦にみな（　　）を落とした。
⑨ （　　）から火が出るような思いをさせられた。
⑩ とてもあいつには（　　）がたたない。

ア 腹　イ 耳　ウ 目　エ 手　オ 頭
カ 足　キ 顔　ク 歯　ケ 口　コ 肩《かた》

8 文の成分

学習内容とねらい

主語・述語《じゅつご》・修飾語《しゅうしょくご》・接続語《せつぞくご》などの文の成分について　その働きを理解《りかい》し、文の内容《ないよう》を正確《せいかく》に読み取れるようにしましょう。

〔　月　日〕

標準クラス

1 次の文の主語を答えなさい。

① むすめは　やさしく　弟を　なぐさめました。（　　）

② きのう　キクの　花が　はじめて　さいた。（　　）

③ リンゴは　つやつやと　赤く　かがやく。（　　）

④ ペンギンは　北極には　いません。（　　）

2 次の文の主語と述語《じゅつご》をそれぞれ答えなさい。

① イルカが　すいすいと　海を　泳いでいる。
主語（　　）　述語（　　）

② 私《わたし》は　来年から　小学生です。
主語（　　）　述語（　　）

③ 石で　造《つく》られた　家は　じょうぶです。
主語（　　）　述語（　　）

3 「ほとんど」が修飾《しゅうしょく》している言葉を次から一つ選び、記号で答えなさい。

・ア それは、イ かさが、ウ 何年も　エ 昔から、ほとんど　オ 形を　カ 変えることも　キ なく　ク 使われつづけてきた　ケ 道具だと　コ いうことです。

〈共栄学園中―改〉（　　）

4 次の――線の言葉が修飾している言葉を次から一つずつ選び、記号で答えなさい。

① アこの　イ箱の　ウ重さは　おそらく　エ五キログラムは　オあるだろう。（　　）

② 母の　ア心配そうな　イ顔が　ウ思い出されて　エしかたが　オなかった。（　　）

③ アこの　川では　イ多くの　ウうなぎが　エとれると　オ言われています。（　　）

④ アおやつの　イケーキが　たった　ウ一つしか　エ残って　オいない。（　　）

⑤ 昨日　ア友達と　イいっしょに　ウ公園に　エ遊びに　オ行った。（　　）

5 次の――線の言葉が接続語《せつぞくご》の文を選び、記号に○をつけなさい。

① ア　母とデパートに出かけ、そこで友達に会った。
　 イ　昼食後、ねむかった。そこで、少し昼ねをした。

② ア　父とプロ野球を見に行った。また行きたいと思った。
　 イ　彼《かれ》は英語を話せるし、また、フランス語も話せる。

③ ア　そのくらい、ぼくの妹でもわかるよ。
　 イ　何度も見直しをした。でも、まちがいがあった。

6 次の二つの文をつなぐ言葉として適切《てきせつ》なものをあとから選び、記号で答えなさい。

① 昨日は大雨が降《ふ》った。（　　）、今日はうって変わってとても天気がいい。

② 建物の中はとてもあたたかい。（　　）私は着ていたコートをぬいだ。

③ この道を右に行こうか。（　　）左に行こうか。

ア しかし　イ だから　ウ それとも　エ また

7 次の文を読んで、あとの問いに答えなさい。

・昨日も　今日も　ポチは　家の　前に　しゃがんで　父の　帰りを　待ちつづけた。

① 主語と述語を書きなさい。
主語（　　）　述語（　　）

② 「前に」「父の」が修飾している言葉をそれぞれ書きなさい。
前に（　　）　父の（　　）

8 次の文の――線a・bと同じ文の成分を、それぞれあとの文の中からすべて選び、記号で答えなさい。

・a良平は　毎日　鉄道ふ設《せつ》の　工事を　見物に　b行った。

① ア無数の　イきらめく　ウ星が　エ夜空を　オ照らす。
a（　　）b（　　）

② ア一本の　イ糸が　ウこの　エくらい　オじごくに　カおりてきた。
a（　　）b（　　）

③ アかばんを　イさげて　ウゆっくり　エこちらへ　オ向かって　カ来た　キ男は　ク黒い　ケ帽子《ぼうし》を　コかぶっていた。
a（　　）b（　　）

④ アその　イ犬は　ウ主人の　エ帰りを　オずっと　カ待っていた。
a（　　）b（　　）

ハイクラス

時間 30分　合格点 75点　得点　　点

1 次の文の主語と述語《じゅつご》を書きなさい。（25点・一つ5点）

① 雲がひとつもない今夜は、快晴《かいせい》だ。
主語（　　　　）　述語（　　　　）

② 白く大きな鳥が、大空を横切る。
主語（　　　　）　述語（　　　　）

③ 兄を追いかけて、ぼくも道をわたった。
主語（　　　　）　述語（　　　　）

④ ものすごいけむりを出して、機関車は通り過《す》ぎた。
主語（　　　　）　述語（　　　　）

⑤ うかべられた葉っぱは静かに川を流れる。
主語（　　　　）　述語（　　　　）

2 ①・②の文から、□の言葉を修飾《しゅうしょく》している言葉をすべて見つけ、それぞれ記号で答えなさい。（10点・一つ5点）

① ア私たちは　イ庭の　ウそうじを　エいつも　オ熱心に　［行います］。（　　　　）

② ア窓《まど》の　イ外には　ウキラキラと　エかがやく　オ七つの　［星が］　カ見える。（　　　　）

〔玉川学園中〕

3 適切《てきせつ》な接続語《せつぞくご》をA群《ぐん》から選び（　）に、その接続語の働きをB群から選び〔　〕に、それぞれ記号で答えなさい。（20点・一つ2点）

① 彼《かれ》は、父の兄の子どもだ。（　　）、彼はぼくのいとこに当たる。〔　　〕

② いっしょうけんめい勉強した。（　　）、成績《せいせき》が上がった。〔　　〕

③ 風はふいていた。（　　）、思うようにたこは上がらなかった。〔　　〕

④ 楽しかったね。（　　）、これからどこへ行こうか。〔　　〕

⑤ ぼくは海が好きだ。（　　）、山も好きだ。〔　　〕

〈A群〉
ア しかし　**イ** つまり　**ウ** だから
エ また　**オ** ところで

〈B群〉
カ 前の内容《ないよう》に対し、あとの内容が説明や補足《ほそく》であることを表す。
キ 前の内容に対し、その順当な結果があとにくることを表す。
ク 前の内容に対し、あとの内容を対等に並《なら》べることを表す。

ケ　話題を変えることを表す。
コ　前の内容に対し、予想に反する内容があとにくることを表す。

4

次の――線の言葉が修飾している言葉を、例にならってそれぞれぬき出しなさい。（20点・一つ4点）

例　太郎君は小さな声で返事をした。　（声で）

① 大人たちは勝手に赤信号をわたったが、少年はじっとがまんして青信号になるまで待った。　（　　）

② 梅雨《つゆ》の時期、家のあじさいはひっそり庭のかたすみで雨にぬれていた。　（　　）

③ 久しぶりに会った祖父《そふ》に向かって、少年は来年またきっと必ず会いに来ると約束した。　（　　）

④ 母はときどき心配そうにちらっと子どもの動きを横目で見た。　（　　）

⑤ 彼女《かのじょ》にいくら「いっしょに学校へ行こうよ。」という手紙を出しても、返事がもらえなかった。　（　　）

〈大宮開成中〉

5

次の一文を、例にならって二つの文に分けなさい。（21点・一つ3点）

例　失敗したが、試合が終わったわけではない。
↓（失敗した。けれども、試合が終わったわけではない。）

① とても便利だったので、友達にもすすめた。
↓（　　）

② 夜おそいのに、父はまだ仕事をしている。
↓（　　）

③ 雨が降《ふ》り出し、かみなりも鳴り出した。
↓（　　）

④ いい天気だったので、家族でハイキングに出かけた。
↓（　　）

⑤ 駅まで走ったが、電車に間に合わなかった。
↓（　　）

⑥ ぼくが手伝うか、弟が手伝うか。
↓（　　）

⑦ 窓を開けると、すずしい風が入ってきた。
↓（　　）

6

「ずっと」が修飾している言葉を次から一つ選び、記号で答えなさい。（4点）

ずっと　ア下駄箱《げたばこ》の　イ奥《おく》に　ウ入れたままで、エある　オ日、カ思い立って　キ川に　ク捨《す》てに　ケ行った。　（　　）

〈十文字中〉

9 文の組み立て

〔　月　日〕

学習内容とねらい

自然に文を区切ったときの意味のまとまりを文節といいます。それぞれの文節同士の関係を考え、文の組み立てや型を正しくとらえられるようにします。

標準クラス

1 次の文を、例にならって／で文節に分けなさい。

例 赤い／花が／さいた。

① 母が歌を歌った。

② 友達と海へ出かける。

③ ゆっくりと船は動き始めた。

2 次の文は、いくつの文節からできていますか。それぞれ算用数字で答えなさい。

① こんな雨ではすぐにぬれそうだ。（　）文節

② 弟は毎日庭をそうじする。（　）文節

③ この動物の名前は、バクらしい。（　）文節

④ 明日にはこの本もぜんぶ読み終えるだろう。（　）文節

⑤ あのような言い方をするものではない。（　）文節

⑥ 音楽をききながら、ついうとうとしてしまった。（　）文節

⑦ 大きな花火が打ち上げられた。（　）文節

⑧ 秋になると、山はすっかり赤く染《そ》まる。（　）文節

3 次の文は、それぞれあとのどの型にあてはまりますか。あとから選び、記号で答えなさい。

① ぼくたちは、おそくまで勉強した。（　）

② 学校は駅から近くの大きな建物だった。（　）

③ 一面の菜の花が非常《ひじょう》にきれいだった。（　）

④ 冷たい風がびゅうびゅうとふく。（　）

⑤ びゅうびゅうとふく風が冷たい。（　）

⑥ 今日ふいている風は北風だ。（　）

⑦ おそくまで勉強していたのは、ぼくたちだ。（　）

⑧ 学校は駅から近い場所に立っている。（　）

⑨ 学校は駅から近い。（　）

ア 何が ― 何だ

イ 何が ― どんなだ

ウ 何が ― どうする

4 次の□に言葉を入れて、例のように文図を作りなさい。

（＝は、主語と述語《じゅつご》の関係を表します。）

例 学校は たいへん 楽しい。

学校は ＝ 楽しい ← たいへん

① ぼくは 自転車で 学校まで 行った。

ア ＝ イ ← ウ
学校まで → イ

② 山を うららかな 春の 日差しが 照らす。

春の → ア ＝ エ
イ → ア
ウ → エ

③ 母親と ならんで、小さな 男の子が 走る。

イ → 男の子が ＝ ア
ウ → 男の子が
ならんで、 → 男の子が
ならんで、 → ウ

④ 早朝から 庭の 枝《えだ》の スズメが、一列で 鳴いている。

ア ＝ イ
エ → オ → ア
早朝から → イ
ウ → イ

5 例を参考にして、次の文と同じ「文の組み立て」になっているものをそれぞれ一つ選び、記号で答えなさい。

例 理科の 実験は とても 楽しい。

① 暖《あたた》かい 春が やがて 来る。

ア 中学生の 合唱が 力強く ひびく。
イ 昨日 私は 横浜《よこはま》に 出かけた。
ウ あれは ずいぶん 大きな 家だ。
エ 読書の 時間に 伝記を 読んだ。

（　　）

② 雪が はげしく 降《ふ》り 暗い 寒い 冬ごもりに 入った。

ア 初めは 弱々しそうに 見えた 鳥たちも 今では すっかり 大きくなった。
イ 彼が にっこりと 笑うと みんなの 顔にも 笑みが こぼれた。
ウ 野原一面に あまり 見かけない 赤い 小さな 花が さいていた。
エ 雨が にわかに 降り出しそうなので 庭先の たくさんの 洗《せん》たく物を 取りこんだ。

（　　）

〈玉川学園中〉

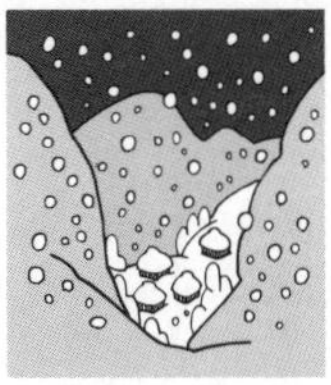

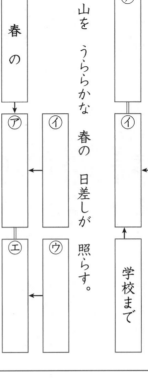

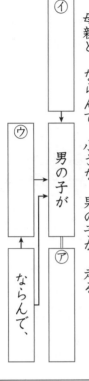

ハイクラス

時間 30分　合格点 75点　得点　　点

（　　月　　日）

1 次の文章を読んで、あとの問いに答えなさい。

①身内の者を引き出して申し訳《わけ》ないが、兄の河合雅雄《かわいまさを》の『少年動物誌《どうぶつし》』は、子どもがどれほど自然に学ぶかを生き生きと知らせてくれる。その「あとがきにかえて」から引用する。

②私の成長をとことん支《ささ》えてくれたのは、少年期の深い自然とのつきあいにあったと思います。学校へ行かなくても、私はすこしも苦痛《くつう》ではなかったし、また、ほとんど勉強をしなかったことを、いまでも後悔《こうかい》しません。

③学校で学ぶことはすくなかったけれども、自然からはあふれるばかりのたくさんのことを学びました。大切なことは、だれにも教わらなくても、自分自身でいろんなことを学んだことです。自分ひとりで学ぶというくせは、④大きくなってからも、たいへん役立ちました。

⑤この文は実に興味《きょうみ》深い。子どものときにどれほど「自然から」多くを学んだかということと、だれにも教わらなくとも自分で「自然に」多くを学んだという、「自然」という用語のもつ二つの意味がたくまずして織《お》りこまれている。「自然に学ぶ」も、そのような両方の意味をもたせて読むとおもしろいのではなかろうか。最近の子どもは、かわいそうに「不自然に教えられる」ことが多すぎて、「自然に学ぶ」態度《たいど》が弱められ、大学に入学して自分の力で学ばねばならぬときには息切れしてしまうように思われる。教育の根本に「自然に学ぶ」ことがあるのを、われわれはよく認識《にんしき》する必要がある。

（河合隼雄《かわいはやお》「子供と自然」）

(1) ——線①はいくつの文節からできていますか。算用数字で答えなさい。（6点）

（　　）文節

(2) ——線②について、次の問いに答えなさい。（16点・一つ8点）

① 「支えてくれたのは」を修飾《しゅうしょく》している文節をすべてぬき出しなさい。

（　　）

② 「つきあい」を修飾している文節をすべてぬき出しなさい。

（　　）

(3) ——線③はいくつの文節からできていますか。数字で答えなさい。（6点）

（　　）文節

(4) ——線④はいくつの文節からできていますか。数字で答えなさい。（6点）

（　　）文節

(5) ——線⑤について、それぞれの文節の働きとして適当《てきとう》なものを次から選び、記号で答えなさい。（同じものをくりかえし使ってもかまいません。）（16点・一つ4点）

A この（　　）　B 文は（　　）
C 実に（　　）　D 興味深い（　　）
ア 主語　**イ** 修飾語　**ウ** 述語《じゅつご》

2

次の□に言葉を入れて、例のように文図を作りなさい。
（＝は、主語と述語の関係を表します。）（30点・一つ2点）

例　まっかな　太陽が　海上に　のぼった。

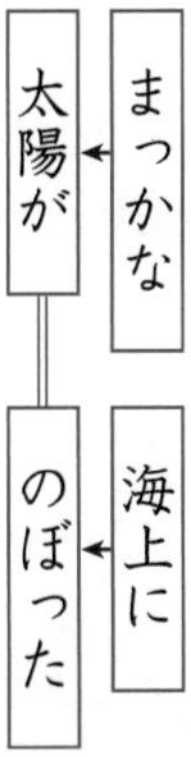

① 新しい　コンピューターは　すぐれた　機能《きのう》を　たくさん　持っている。

② 外国の　港に　向けて　たくさんの　食料を　積んだ　大きな　船が　出航した。

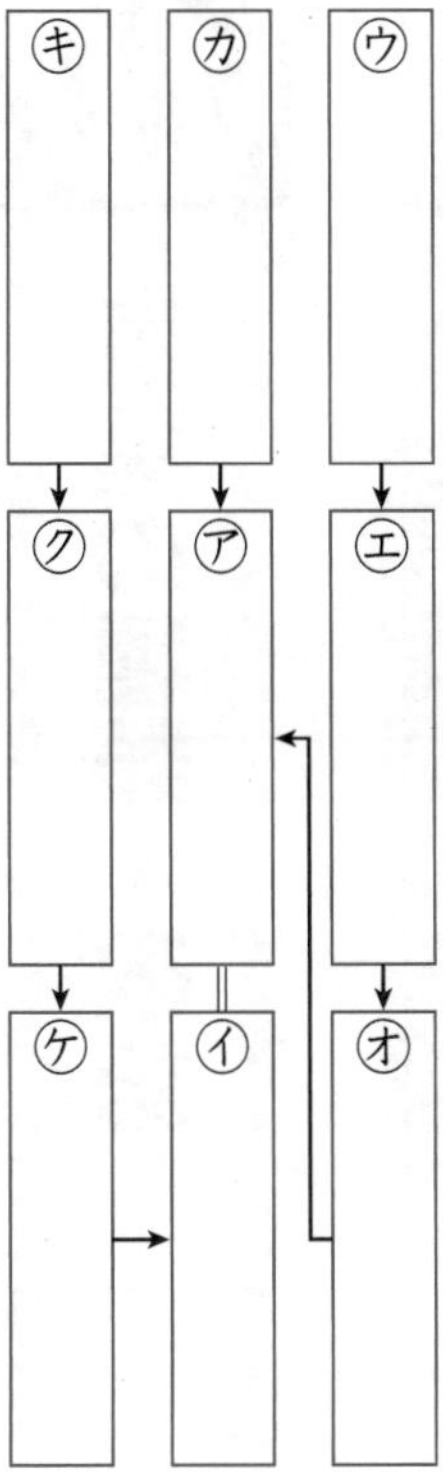

3

例に示した二つの文は、文の組み立てが同じです。次の文について、それぞれの文と同じ組み立ての文をあとから一つ選び、記号で答えなさい。（20点・一つ4点）

例「私はゆっくり歩いた。」＝「母は五時に起きた。」
主語＋修飾語＋述語　　主語＋修飾語＋述語

① 庭の桜《さくら》がとてもきれいだ。（　　）
② 昨日《きのう》私《わたし》は友だちと五年ぶりに会った。（　　）
③ 春に兄はアメリカに行く。（　　）
④ ああ、もうじき寒い冬が来る。（　　）
⑤ とてもつかれた。しかし、最後までがんばって歩いた。（　　）

ア 何倍も努力した。だから、見事試験に合格した。
イ 子どもたちが大きな声で元気に歌う。
ウ 一生懸命《けんめい》走ったので、私は出発時間に間に合った。
エ これはかなり重要な問題です。
オ 日曜日に姉は母と買い物に出かける。
カ おや、かすかに雨の音が聞こえる。
キ さあ、私にはよくわかりません。
ク 今日の海は昨日より静かだ。
ケ 買い物に出かけた。だが、サイフを忘《わす》れて何も買えなかった。

〈玉川学園中―改〉

10 言葉の種類・敬語《けいご》

【　月　日】

学習内容とねらい
働きや性質《せいしつ》のことなる言葉を正しく分類できるようにします。また、敬語については、適切《てきせつ》に使い分けできるようにしましょう。

標準クラス

1 次の文の「の」「ばかり」と同じ意味・用法のものをあとからそれぞれ選び、記号で答えなさい。

① 何しろ本を読むのも好きだから、図書館へはたびたび通ったものだ。

ア 今年も桜《さくら》の花がさく。
イ これは父の書いた本だ。
ウ 白いのがユリの花です。
エ 春のようなあたたかさだ。

（　　）

② 今日はさんざんだ。へまばかりしている。

ア サッカーのことばかり考えている。
イ 駅から一キロばかり歩いた。
ウ 弟は返ってきたばかりだ。
エ 飛び上がらんばかりに喜んだ。

（　　）

〈桜美林中―改〉

2 次の――線の言葉を正しい敬語《けいご》に直しなさい。

① 校長先生は好ききらいなく何でも食べます。（　　）

② 今からあなたのお宅《たく》に行きます。（　　）

③ そのパンフレットを見てください。（　　）

④ 先生から聞く話を家族に伝えよう。（　　）

〈目白学園中―改〉

3 次の文の「られる」と同じ意味・用法のものを、あとから選び、記号で答えなさい。

・彼《かれ》の態度《たいど》は、とても好ましく感じられる。

ア 先生に成績《せいせき》をほめられる。
イ 子どもの将来《しょうらい》が案じられる。
ウ この仕事なら彼に任《まか》せられる。
エ 校長先生が教室に入ってこられる。

（　　）

〈春日部共栄中〉

4 次から、「起点（起こり）」を表す「から」をあとから選び、記号で答えなさい。

ア 無知から起こった失敗だ。
イ うまいから食べ過《す》ぎた。
ウ 百人からの人が来園した。
エ 日本酒は米から造《つく》る。
オ はしからはしまで人でうまる。

（　　）

〈江戸川学園取手中〉

5 次の文には、それぞれ日本語のあやまりが一か所ずつあります。その部分をぬき出して、正しい言い方に直しなさい。

① あなたも私といっしょにまいりますか。
（　　）→（　　）
② 母もよろしくとおっしゃっていました。
（　　）→（　　）
③ 先生、この料理は冷めないうちにいただいてください。
（　　）→（　　）
④ あなたが苦労なさった十年前の話を聞き、しみじみとした気持ちになりました。
（　　）→（　　）
⑤ 私の絵を拝見《はいけん》した感想を教えてください。
（　　）→（　　）

〈山脇学園中〉

6 次の問いに答えなさい。

(1) お母さんの代わりに、あなたがお礼を言いに行ったとします。そのときの言い方として適切《てきせつ》なものをあとから選び、記号で答えなさい。

ア 先日はケーキをいただきありがとうございました。家族みんなでおいしくめしあがりました。
イ 先日はケーキをくださってありがとうございました。家族みんなでおいしくいただきました。
ウ 先日はケーキをもらってくださってありがとうございました。家族みんなでおいしくいただかれました。
エ 先日はケーキをくれてありがとうございました。家族みんなでおいしくちょうだいしました。

（　　）

〈國學院大久我山中〉

(2) 母親が、授業《じゅぎょう》参観を欠席すると言っていたことを先生に伝える言い方として、適切なものをあとから選び、記号で答えなさい。

ア 母が、授業参観を欠席なさるとおっしゃりました。
イ 母が、授業参観を欠席されると言っていました。
ウ 母が、授業参観を欠席すると申していました。
エ 母が、授業参観を欠席させていただくと言われました。

（　　）

〈桜美林中〉

ハイクラス

時間 30分　合格点 75点　得点　　点
（　月　日）

1 次の――線の言葉と同じ意味・用法のものを選び、記号で答えなさい。（20点・一つ4点）

① 子どもにはしっかり勉強させようと心に決めた。
ア 間もなく月も出よう。
イ ぼくもこの穴《あな》のなかに入ってみよう。
ウ 十日もすれば退院《たいいん》できよう。
エ もう、おしまいにしよう。
（　　）

② あれだけ言ってもまだわからないようだ。
ア 広くて海のようだ。
イ 彼《かれ》のように親切な人はめったにいない。
ウ 彼はまじめな性格《せいかく》の人であるようだ。
エ 桜《さくら》の花びらが雪のように散ってくる。
（　　）

③ あの白く雪をかぶった山々が南アルプスだ。
ア 赤ちゃんの手はやわらかだ。
イ 夢中《むちゅう》でボートをこいだ。
ウ 部屋の中は暖《あたた》かだ。
エ 明日はいよいよ入試だ。
（　　）

④ 池の中は見るからに寒そうだ。
ア 山は寒いそうだ。
イ もう日も暮《く》れそうだ。
ウ みんなも元気だそうだ。
エ あと一時間で終わるそうだ。
（　　）

⑤ ぐっすりと十時間ぐらいねむりたい。
ア けむりがけむたい。
イ ごはんを食べたい。
ウ ねむたい目をこすっている。
エ 一人では持てないほど重たい。
（　　）
〔共栄学園中〕

2 次の文の敬語《けいご》の使い方が正しいものには○、まちがっているものには×をつけなさい。（24点・一つ4点）

① 先生がおっしゃられた話が印象に残った。（　　）
② 父は今、留守《るす》にしております。（　　）
③ これはどなたがいただく食事ですか。（　　）
④ これはどなたでも自由にご使用できます。（　　）
⑤ 一番の窓口《まどぐち》でうかがってください。（　　）
⑥ 子どものために弁当を作ってやった。（　　）
〔神戸女学院中〕

3 次の文の「で」と同じ意味・用法のものを選び、記号で答えなさい。（6点）

・人と人とは、見えない糸でつながっている。

ア 私たちも自然の一部でしかない。
イ 本当にそれでよいのでしょうか。
ウ 野生動物を残すという目的で作られた。
エ 多くはこんな自然でした。

（　　）

〈法政大中〉

4 次の文は、どのような敬語の組み合わせになっていますか。それぞれあとから選び、記号で答えなさい。（25点・一つ5点）

① 林さんのお母さん、いらっしゃってるの。（　　）
② 佐藤《さとう》くん、体育館に来てください。（　　）
③ 父が、よろしくと申していました。（　　）
④ 先生にしょうかいしていただいたんだ。（　　）
⑤ おじさんも、ご出席ください。（　　）

ア どれも使っていない　イ 尊敬語《そんけいご》だけ
ウ 謙譲語《けんじょうご》だけ　エ 丁寧語《ていねいご》だけ
オ 尊敬語と丁寧語　カ 謙譲語と丁寧語
キ 尊敬語と謙譲語

〈西南学院中〉

5 次の①〜③の――線の言葉を敬語として言うときの言葉を〈語群《ごぐん》A〉から選び、また、④・⑤の「いらっしゃる」が表している意味を〈語群B〉から選んで、記号で答えなさい。（同じ言葉はくり返して選べません。）（25点・一つ5点）

① 先生がするとおりにしましたら、うまくいきました。（　　）
② 先生にお会いしたいと、鈴木《すずき》さんという方が事務室《じむしつ》にいらっしゃってます。（　　）
③ 日曜日に、図書館へ行く途中《とちゅう》の先生にお会いしました。（　　）
④ 先生は、いつまで京都にいらっしゃるご予定ですか。（　　）
⑤ おばさんが、わたしのうちに遊びにいらっしゃいました。（　　）

〈語群A〉
ア いらっしゃる　イ おっしゃる　ウ なさる
エ 申す　オ うかがう　カ いたす
〈語群B〉
ア 行く　イ 来る　ウ いる

〈浦和実業学園中〉

時間 30分　合格点 75点　得点 点

月 日

1 次の――線の言葉が修飾《しゅうしょく》している言葉を記号で答えなさい。(15点・一つ3点)

① 美しい ア花が イたくさん ウさいている。（　　）

② 美しく ア花が イいちめんに ウさいている。（　　）

③ ア明日《あす》は きっと イ私《わたし》が ウ育てた エ花が オさくだろう。（　　）

④ ア美しい イ花は ウ人の 心を エたいそう オなごませる。（　　）

⑤ 黄色い ア小さな イ花が ウ庭の エかたすみで オさいている。（　　）

2 次の文中より、①＝＝の述語《じゅつご》に対する主語をぬき出しなさい。また、②――線の言葉が修飾している言葉をぬき出しなさい。(10点・一つ5点)

また、最近になってから気がついたことであるが、いつも隣《となり》の庭を歩き回っている黒模様《もよう》の親猫《おやねこ》までも、人間の子どもたちの接近に気がつくと、庭に、そのすみの方に、たくましく大きく立っている杉《すぎ》の木のかげから、びっくりしたような様子で周囲を見回すようにしておびえた。

〈共立女子第二中〉

①（　　）　②（　　）

3 次の文章を読んで、あとの問いに答えなさい。(35点・一つ5点)

ドロシーとその仲間たちが、深い森のなかをすすんでいくと、ものすごいうなり声が①きこえてきました。

そして②つぎの瞬間《しゅんかん》、③大きいライオンが、みんなの前に、とびだしてきたのです。

ライオンが、④前足で一げきを⑤あたえると、かかしはもんどりうって、道のはしのほうまで、ふっとんでしまいました。

また、ライオンはするどいつめで、⑥おそいかかると、ブリキのきこりもうちたおしてしまいました。

ところが、きこりは、道の上にたおれて動かなくなってしまったのに、傷《きず》がぜんぜんつかなかったので、ライオンは、すっかりおどろいてしまったのです。

そのとき、犬のトトは、さかんにほえながら、ライオンめがけて⑦突進《とっしん》していきました。

（ライマン・フランク・バウム　守屋陽一《もりやよういち》訳「オズの魔法使い」）

(1) ——線①「きこえてきました」に対する主語を、本文中からぬき出しなさい。

（　　　　）

(2) ——線②「つぎの瞬間」が修飾している文節をぬき出しなさい。

（　　　　）

(3) ——線③～⑥は、次の**ア**～**ウ**のどの種類と同じ言葉ですか。それぞれ記号で答えなさい。

ア イヌ　**イ** 走る　**ウ** 楽しい

③（　　）④（　　）⑤（　　）⑥（　　）

(4) ——線⑦「突進していきました」に対する主語を、本文中からぬき出しなさい。

（　　　　）

4 次の文の主語と述語を一文節でぬき出しなさい。（20点・一つ2点）

① 先生の一言、それが身にしみた。

主語（　　　　）述語（　　　　）

② 努力さえすれば、だれもがチャンスにめぐまれる。

主語（　　　　）述語（　　　　）

③ どんなに説明しても、だれも私の話を信じなかった。

主語（　　　　）述語（　　　　）

④ 青森のおばさんから今年もりんごが届《とど》いた。

主語（　　　　）述語（　　　　）

⑤ まあ、きれいだなあ、あの花は。

主語（　　　　）述語（　　　　）

〔智辯学園中—改〕

5 次の文について、あとの問いに答えなさい。（20点・一つ4点）

①すずしい　②ある　③秋の　④日、⑤大きな　⑥目を　⑦した　⑧かわいらしい　⑨女の子が　⑩一軒《いっけん》の　⑪家の　⑫前に　⑬立っていました。

(1) 主語と述語を①～⑬の中から一つずつ選び、それぞれ記号で答えなさい。

主語（　　　　）述語（　　　　）

(2) ——線②の「ある」と同じ使われ方をしているものを次から一つ選び、記号で答えなさい。

ア たくさんある本の中から選ぶ。
イ 私が聞いたある人からの話はおそろしかった。
ウ 川が流れ、きれいな空気がある森に行きたい。
エ まちがいなのか、あるいは正しいのかわからない。

（　　　　）

(3) ——線①・⑤はそれぞれどの言葉にかかっていますか。一つずつ選び、記号で答えなさい。

①（　　　　）⑤（　　　　）

〔大阪桐蔭中〕

11 指示語《しじご》に注意して読む

（　月　日）

学習内容とねらい

文章の内容を正確《せいかく》に読み取るには、指示語による文のつながりをおさえながら読むことが大切です。指している内容《ないよう》を見つけたら、印をつけるようにします。

標準クラス

1 次の文章を読んで、あとの問いに答えなさい。

土器というのは、粘土《ねんど》を練って形を作り、火熱を加えて焼き上げた素焼《すや》きの焼きものをいいます。耐水性《たいすいせい》と耐熱性がありますから、煮炊《にた》きに使用したり、食べものなどを入れる容器《ようき》としての機能《きのう》を立派《りっぱ》にそなえています。

①この土器を、世界でいちばん最初に発明したのは、わたしたちのはるかに遠い先祖《せんぞ》である原日本人なのです。長崎《ながさき》県の福井洞穴遺跡《ふくいどうけついせき》と愛媛《えひめ》県の上黒岩陰遺跡《かみくろいわかげいせき》から出土した、細隆線《さいりゅうせん》文土器の年代測定《そくてい》をしたところ、なんと約一万二千年前の土器とわかったのです。

世界でもっとも古い農業誕生《たんじょう》の地であるオリエント地域《ちいき》では七〜八〇〇〇年前に土器が誕生していますが、②それよりもはるかに先行しているのが日本の土器。［　　］、わたしたち日本人は、世界でいちばん最初に煮込《にこ》みスープのうま味を知った種族の末裔《まつえい》なのです。

土器の出現《しゅつげん》以前は、あぶり焼き、蒸《む》し焼きのちがいはあっても、基本的《きほんてき》にはすべて「焼く料理」でしたから、肉や魚のエッセンスが熱分解《ねつぶんかい》によってかもし出す、とろりとしたスープのうま味とは無縁《むえん》の食生活でした。

③この〝味覚革命《かくめい》〟をひきおこした土器を、日本人が、世界にさきがけて作ったのです。土器を用いれば、さまざまな材料を混《ま》ぜあわせて煮ることができますから、複雑《ふくざつ》な味を出すことも可能《かのう》となり、味覚がいっそう進歩しました。

土器の出現は、食生活の革命ともいえる大事件《じけん》でした。石の槍《やり》や斧《おの》の場合、いくら精巧《せいこう》に作っても、④それは材料の形を変えたものにすぎません。ところが、土で成形したものをひとたび炎《ほのお》の中をくぐらせますと、まったく別のものに性質《せいしつ》を変えてしまうのです。そのままの形で、石のように堅《かた》い物体に変化してしまいます。

イギリスの考古学者ゴードン・チャイルド博士がいっているように、「土器の発明は、人類が⑤化学変化を実生活にとり入れて成功した、さいしょのできごと」でした。現在《げんざい》の日本の技術《ぎじゅつ》力を ⓐ予見するような、縄文《じょうもん》 ⓑテクノロジーの大成果だったのです。

（永山久夫《ながやまひさお》「古代食おもしろ事典」）

(1) ——線①「この土器」とありますが、土器が煮炊きに使えたり、容器として使えたりするのはなぜですか。本文中の言葉を使って、十五字以内で答えなさい。

(2) ——線②「それ」の指しているものを、本文中から七字でぬき出して答えなさい。

□□□□□□□の土器。

(3) 本文中の□にあてはまる言葉を次から選び、記号で答えなさい。

ア そして　イ まるで
ウ つまり　エ やはり

(　)

(4) ——線③「この〝味覚革命〟」とはどのようなものですか。解答らんにあてはまる言葉を本文中から四十字以内でさがし、初めと終わりの三字を答えなさい。

□□□～□□□を味わうこと。

(5) ——線④「それ」の指すものを、本文中から五字でぬき出して答えなさい。

(6) ——線⑤「化学変化」とありますが、ここでの化学変化とはどのようなことを意味している言葉ですか。最も適切《てきせつ》なものを次から選び、記号で答えなさい。

ア さまざまな材料を混ぜて調理することで、深い味わいをもつ料理をつくることができるということ。
イ 土器の耐火性や耐水性が、同じ材料でもことなった方法で調理することを可能にしたということ。
ウ 材料となる粘土はそのままで、熱を加えることでまったくちがう性質をもつ物質に変わるということ。
エ 粘土を粘土のままよりたんねんに練って成形することで、見た目にも美しいものに変わるということ。

(　)

(7) 〰〰線ⓐ・ⓑの言葉の意味を次から選び、記号で答えなさい。

ⓐ予見
ア 先に見つかってしまうこと。
イ 予定していたこと。
ウ あらかじめ知ること。

(　)

ⓑテクノロジー
ア 進歩
イ 技術《ぎじゅつ》
ウ 文化

(　)

時間 30分　合格点 70点　得点 点　（　月　日）

1 次の文章を読んで、あとの問いに答えなさい。

才能《さいのう》なんて、けっして特別なものではありません。誰《だれ》もがそれぞれ何かしらの才能を持って生まれてきているはずなのです。ただ、自分の才能に気づかないか、気づいてもその才能を開花させる努力をおこたっているか、知らないうちに才能の芽をつみ取られたかして、自分には㋐それが無いと勝手に決めつけているだけなのです。

（Ⅰ）

とはいえ、他人よりも図ぬけた能力を発見し、［A］並々《なみなみ》ならぬ精進《しょうじん》を重ねてそれをみがきあげ、世に認《みと》められ、生涯《しょうがい》を通しての仕事に結びつけられるところまで持ってゆける人となると、そう多くはいません。人数が少ないということが、才能が特別視《とくべつし》される一番の所以《ゆえん》なのでしょう。

（Ⅱ）

実際には、ねむれる才能をかかえたまま、宝《たから》の持ちぐされで一生を終えてゆく人間が大半なのです。ただ一度の人生を思うとき、これは実におしいことですし、とても残念なことでもあります。

①そうなってしまった理由はいくつかあるでしょう。まずは、気づかなかったことです。いえ、気づこうとさえもしなかったのです。②自身の内面を冷静に見つめ、大勢の他者と比較《ひかく》して、おのれにどんな能力がそなわっているのか真《しん》剣《けん》にさぐろうとしなければ、ほとんどの場合は発見できません。

もちろん、まったくの偶然《ぐうぜん》で、ちょっとした出来事がきっかけで、㋑それに気づくといった幸運もあるでしょう。歌唱力や、絵心や、運動能力をだれかにほめられ、あるいは、周囲の者たちの③それよりも上回っていることを自覚できるようになってその道を進むことになり、大きな成功をおさめた者も確《たし》かにいます。また、おとなになってから、食べてゆくために、さまざまな体験や好みではない経験《けいけん》を重ねてゆく途中《とちゅう》で、はたと㋒それに気づき、人生の大転換《だいてんかん》をむかえた者もいます。

［B］、大方の人々は、才能という言葉を芸術《げいじゅつ》や芸能や学問やスポーツのみに限定《げんてい》して結びつけてしまい、他の分野におけるすぐれた能力を才能とはみなさない傾向《けいこう》があります。漁業、農業、商業、牧畜業《ぼくちくぎょう》、製造業《せいぞうぎょう》、サービス業、出版業《しゅっぱんぎょう》と、どんな職種《しょくしゅ》においても、その業界における才能というものが存在《そんざい》するのです。犯罪《はんざい》の世界にすら、悪《あ》しき才能を持つ者がいるほどなのです。

（Ⅲ）

自分のなかのねむれる才能を見つけ出す方法は、そう難《むずか》しいことではありません。要するに、自分が今どんなことに興味《きょうみ》をいだいているのか、何が好きなのか、ということを手がかりにすればいいのです。そして、そのなかからひとつを選び出します。ついで、今度は㋓それがどれくらい好きなのかをじっくりと見定めます。

（　Ⅳ　）

単にイメージのみで好きだからというのではなく、そうした現実的《げんじつてき》な細部にまでわたってじっくりと検討《けんとう》してみてください。時間をたっぷりかけることが肝心《かんじん》です。興味のあった世界が時間の経過《けいか》と共に色あせてきたり、めんどうに思えたりした場合は、あなたがその才能を持ち合わせていない何よりの証拠《しょうこ》ですから、ほかを当たってみたほうがいいでしょう。

（丸山健二《まるやまけんじ》「生きるなんて」〈朝日新聞社〉）

(1) 本文中の A ・ B にあてはまる言葉を次から選び、記号で答えなさい。（20点・一つ10点）

ア だから　**イ** しかし　**ウ** つまり　**エ** しかも

A（　　）　B（　　）

(2) ——線㋐～㋓の「それ」の中で、「才能」または「能力」を示《しめ》さないものを一つ選び、記号で答えなさい。（10点）

（　　）

(3) ——線①「そうなってしまった」とありますが、どうなってしまうのですか。「てしまう。」につながるように、本文中から三十字以内でさがし、初めと終わりの三字を答えなさい。（15点）

□□□～□□□てしまう。

(4) ——線②「自身の内面を冷静に見つめ」とありますが、内面を見つめるとはどのようなことですか。本文中の言葉を使って、十五字以内で答えなさい。（25点）

(5) ——線③「それ」の指すものを、本文中から十五字以内でぬき出して答えなさい。（20点）

発てん
(6) 次の一連の文章が本文からぬけています。その場所を本文中の（　Ⅰ　）～（　Ⅳ　）から選び、記号で答えなさい。（10点）

食事をぬいても、すいみん時間をけずってでも、没頭《ぼっとう》していたいことなのか。

何年間も、いえ、生涯を通してつづけられそうなほどおく深いことなのか。

そのためとあらばかなりの犠牲《ぎせい》をはらえる覚悟《かくご》ができそうか。

（　　）

〈桜美林中—改〉

12 接続《せつぞく》を考えて読む

学習内容とねらい

指示語《しじご》と、この単元で学習する接続語を手がかりにすると、文章に書かれていることをまとまりをもって理《り》解《かい》することができます。

（　月　日）

標準クラス

1 次の文章を読んで、あとの問いに答えなさい。

このごろ、総理《そうり》大臣をはじめ、＊要職《ようしょく》にある方々の、公的な場、たとえば記者会見の場などでのお話を聞いていて、気になるというか、①物足りない気持ちになることばづかいがあります。気になるようになったのが近ごろということで、前からそうであったのかもしれません。ことばづかい全体が、やさしくなってきたのにつれて変わってきたのかもしれません。

いろいろ、政策《せいさく》などお考えをお聞きして、うなずき、それが実際《じっさい》になることを願う、というよりも、ひたすら待つような気持ち。そうです、そうしてください、と期待がわいてくるのを感じておりますと、話の[I]に、たとえば、

「両国の友好関係の改善《かいぜん》に努めたいと思います」

「……最善の努力をしたいと思います」

「……力を尽《つ》くしたいと思います」

「……連絡《れんらく》を密《みつ》にしていきたいと思います」

「考慮《こうりょ》したいと思います」

などなど。別に間違《まちが》っているということではありませんが、「ああ、やっぱり努力したいと、力を尽くしたいと思っているだけか」と失望を感じてしまいます。期待で少しはずんでいた気持ちは、「努力します」とか、「力を尽くします」とか、「密にしていきます」とかいうような、決意、意気ごみの見える言葉を知らず知らず待っているからでしょう。

[A]、②あまり気張《きば》って、言い切ったりしない方が、やわらかい感じがすると思われてでしょう。そのほうが、人の心に入りやすく、親しみやすいと感じられてでしょう。

また、あまりはっきり言い切ったりしますと、約束・公約というような重さを持ってきて、いろいろの事情《じじょう》・情勢《じょうせい》によって、実行・実現《じつげん》のできなくなった場合、こう言ったではないかと、責《せ》められるようなことになりかねないという、政治家らしい心づかいもありましょう。

「たい」ということばは、[II]を表すことばということにこだわり過《す》ぎ、せまく考え過ぎるのも、③実際の使われ方ではないのかもしれません。「一層《いっそう》の努力を望みたい」のように、「たい」はなくても意味は同じで、「たい」は、ことばの調子をととのえる役をしているようです。

すると、先の「努力したい」も「努力する」と同じで、「たい」は調子を作っているので、「努力したいと思います」のもの足りなさは、「たい」だけではなく、「思います」の方に

もあって、[B]その方が大きいのかもしれません。「思っているだけか」と言われそうです。

いろいろわかっても、[C]当然言い切ってよいと思うところへ、「……たいと思います」と来ますと、「④えっ？……たいと思っているだけですか」と言いたくなります。

（大村《おおむら》はま「心のパン屋さん」）

＊要職……職務《しょくむ》（仕事）の上で大切な役割《やくわり》、地位。

(1) [Ⅰ]に入る最も適切《てきせつ》な言葉を次から選び、記号で答えなさい。

ア 途中《とちゅう》　**イ** 折り　**ウ** 結び　**エ** 境目《さかいめ》　（　　）

(2) [Ⅱ]に入る最も適切な言葉を次から選び、記号で答えなさい。

ア 希望　**イ** 意思　**ウ** 現実　**エ** 約束　（　　）

(3) [A]～[C]にあてはまる言葉として最も適切なものを次から選び、記号で答えなさい。

ア 要するに　**イ** もちろん　**ウ** すなわち
エ やはり　**オ** むしろ

A（　　）B（　　）C（　　）

(4) ――線①「物足りない気持ちになることばづかい」とありますが、具体的にはどんなことばづかいですか。本文中の言葉を使って答えなさい。

（　　）

(5) ――線②「あまり気張って、言い切ったりしない」とありますが、～～～線部を「気張って、言い切る」という表現《ひょうげん》になりますか。表現を書き改めなさい。

（　　）

(6) ――線③「実際の使われ方」とはどんな使われ方ですか。本文中の言葉を使って答えなさい。

（　　）

発てん (7) ――線④「えっ？　……たいと思っているだけですか」にこめられた筆者の気持ちを四十字以内で説明しなさい。

〔獨協埼玉中―改〕

ハイクラス

時間 30分　合格点 70点　得点　点

（　月　日）

1 次の文章を読んで、あとの問いに答えなさい。

もめ事について、当事者以外の誰《だれ》かに判断《はんだん》をしてもらって、当事者はそれに従《したが》うという解決《かいけつ》の方法は、すべて広い意味では裁判《さいばん》と呼《よ》ぶことができます。このような広い意味での裁判のやり方には、いろいろなものが考えられます。

たとえば、神様におうかがいを立てて、どちらが正しいか決めてもらうという方法もあります。じっさい古い時代には、そのような裁判の方法が多くの国々で行われました。日本でも、江戸《えど》時代のはじめころまで、そのような裁判が行われた記録が残っています。たとえば、真実を述《の》べていることを誓《ちか》ったうえで素手《すで》で熱湯の中の石を取り出させ、やけどの少ない者の主張《しゅちょう》を正しいとする、湯起請《ゆきしょう》という方法がありました。また、神社でのくじ引きで、どちらの言い分が正しいかを判定《はんてい》したこともあります。しかし、だんだん時代が進んで、人々が科学的な考え方をするようになると、①このような方法では裁判の正しさに納得《なっとく》できなくなります。

そこで、領主《りょうしゅ》や村長のような偉《えら》い人に決めてもらうという方法もあります。そうなると、明らかに人が裁判するわけですから、②現代《げんだい》の裁判に近づいてきます。しかし、このような裁判も、何が判断の基準《きじゅん》になるのかが、はっきりしていません。裁判をする人が、ほかの人たちより格段《かくだん》に深い知恵《ちえ》があると認《みと》められていれば、みんなが納得してその判断に従うかもしれません。あるいは、裁判する人に絶対《ぜったい》の権力《けんりょく》があって、誰もその人に逆《さか》らえないときには、納得できなくても、しかたなく判断に従うかもしれません。

［　A　］、③だんだん時代が新しくなると、教育によって多くの人々に知識《ちしき》が行き渡《わた》り、誰か一人が特別の知恵者であるということは、なくなります。また、人間はみな平等であると考えられるようになると、有無《うむ》を言わさず人々を従わせるような権力者は、認められません。そうなると、裁判をする人は、「［　④　］」と宣言《せんげん》するだけでは済《す》まなくなります。それでは負けた方の当事者は、勝手に決めた不公平な判決《はんけつ》だと考えるでしょう。

［　B　］、裁判をする人は、何かの基準に照らして、自分の判断が正しいことを示《しめ》すことによって、裁判を受ける人々に納得してもらわなければなりません。こうして、何らかの基準による裁判の方法が生まれます。

その場合、⑤基準になるものとしては、いくつかのものが考えられます。宗教《しゅうきょう》の専門家《せんもんか》である聖職者《せいしょくしゃ》が裁判を任《まか》せられる社会では、教典に書かれた教えが基準になります。現代でも、たとえばイスラム教のいくつかの国では、教典である『コーラン』が裁判の基準にされる場合もあります。世界全体では、しかし、時代が新しくなるほど、宗教は人の心の中のものとされ、どんな教えを信じるかは人それぞれの自由に任されるようになります。そうなると、他人との間の紛争《ふんそう》の解決について、宗教を基準にはできません。

（後藤《ごとう》　昭《あきら》「わたしたちと裁判」）

(1) A・B にあてはまる言葉をそれぞれ次から選び、記号で答えなさい。ただし、同じものはくり返して使えないものとします。（20点・一つ10点）

ア そして　**イ** そこで　**ウ** または　**エ** しかも

オ しかし

A（　　）B（　　）

(2) ――線①「このような方法」とありますが、これについてくわしく述《の》べられている部分を本文中から三十二字でさがし、初めと終わりの五字を答えなさい。（15点）

□□□□□～□□□□□

(3) ――線②「現代の裁判に近づいてきます」とありますが、「現代の裁判に近づいて」いる点をまとめた次の文の Ⅰ・Ⅱ にあてはまる言葉を、それぞれ本文中からさがし、ぬき出して答えなさい。（20点・一つ10点）

・ Ⅰ ではなく Ⅱ が裁判する点。

Ⅰ（　　）Ⅱ（　　）

(4) ――線③「だんだん時代が新しくなると」とありますが、時代が新しくなると裁判をするとき、どのようなことが必要になってくるのですか。本文中から二十七字でさがし、初めと終わりの五字を答えなさい。（15点）

□□□□□～□□□□□

(5) ④ にあてはまる内容《ないよう》として最も適切《てきせつ》なものを次から選び、記号で答えなさい。（15点）

ア 自分がこの判決を正しいと考えるから、正しいのだ

イ 神様がこの判決を正しいと考えるから、正しいのだ

ウ あなたがまちがっているので、わたしが正しいのだ

エ あなたがまちがっていないので、わたしも正しいのだ

（　　）

(6) ――線⑤「基準になるもの」とありますが、ここであげられているものを三つ、本文中からそれぞれ二字でさがし、ぬき出して答えなさい。（15点・一つ5点）

□□・□□・□□

（開成中―改）

13 段落《だんらく》ごとに読む

学習内容とねらい

論説文《ろんせつぶん》を読むときの基本《きほん》となるのが、段落を中心とした読解《どっかい》です。段落ごとに要点をまとめて、内容《ないよう》を整理しながら読むようにしましょう。

〔　月　日〕

標準クラス

1 次の文章を読んで、あとの問いに答えなさい。

（1～3は段落《だんらく》番号を表しています。）

1 もともと日本建築《けんちく》は、屋根にそのデザインの粋《すい》をこらしたものだ。切妻《きりづま》、入母屋《いりもや》、寄棟《よせむね》などのさまざまな屋根の形、千木《ちぎ》、堅魚木《かつおぎ》、鬼《おに》がわら、卯建《うだつ》などの多くの屋根の装飾品《そうしょくひん》の存在《そんざい》は、そのことをたんてきにしめしている。いなかへゆくと、屋根がすっぽり軒《のき》ふかくまでかぶっていて、とおくからみると、家全体が屋根だけでもあるかのような、わらぶきやかやぶきの農家をみかけるが、なかなか風情《ふぜい》があっていいものだ。建築のシェルター（おおい）機能《きのう》をさして、「日本建築は屋根、西洋建築は壁《かべ》」とかんがえられてもよさそうな光景を、①それはしめしている。そういう日本建築の屋根が、「近代化」のかけごえとともに、だんだん少なくなっていくのはさびしいことである。

2 ところが、近代化＝洋風化とかんがえられるその②本家ヨーロッパへいってみると、新しいアパートなどにも、いぜんとして屋根のついているケースが多い。北欧《ほくおう》やイギリスのニュー・タウンなどでは、とくにそれが目立つ。その理由は、きわめて簡単明瞭《かんたんめいりょう》である。というのは、建築の最上階に屋根があると、階下のへやの保温《ほおん》になり、屋根裏を物置に利用することができ、そしてなによりも大切なことは、雨もりしないことである。かんがえてみれば、フラット（水平）の屋根よりは、傾斜《けいしゃ》のついた屋根のほうが、水はけがよいに決まっている。屋根が破損《はそん》したときも、かわら屋根だと部分的補修《ほしゅう》ですむ。ところが、アスファルトの上に軽量コンクリートをうちこんだフラットルーフでは、そうはいかない。いったん雨がもるとなると、コンクリートをみなはがさなければならず、これはたいへんなことだ。

3 住宅公団《じゅうたくこうだん》が発足《ほっそく》した当初、アパートの屋上からの雨もりがあいついだ。そしていまなお公団住宅は、雨もりに悩《なや》まされることから解放《かいほう》されていない。わたしの友人が勤《つと》めている建築省《けんちくしょう》建築研究所は、三階だての鉄筋《てっきん》コンクリートづくりであるが、そこの三階は、年中、屋上からの雨もりにこまっているそうである。なにしろ建築の専門家《せんもんか》たちばかりがいるところだから、いろいろやってみるのだが、いっこうに雨もりは解消しない。けっきょく、建物が老朽化《ろうきゅうか》したためだからしかたがない、ということになっているらしい。鉄筋コンクリートづくりが、三〇年そこそこで老朽化するのも問題であるが、これはひょっとしたら、建築の考え方に、なにか③根本的なまちがいがあるのではないだろうか、とかんがえこまざるをえない。原理的には、プールの壁や床《ゆか》などを施工《せこう》するのと同様に、アスファルトの防水《ぼうすい》工法を屋上にもつかっているのであるから、フラットルーフでも雨もりがおきないはずだけれど、かんがえてみると、屋上は建物でもいちばん風化されやすいところである。長年月のあいだには、いろいろと故障《こしょう》もおきてくる、ということを計算にいれておかなければならないのではないか。

（上田《うえだ》篤《あつし》「日本人とすまい」）

(1) ――線①「それ」とありますが、これが指し示《しめ》す内容《ないよう》として最も適切《てきせつ》なものを次から選び、記号で答えなさい。

ア 建築のシェルター（おおい）機能
イ わらぶきやかやぶきの農家
ウ 日本建築が屋根にデザインの粋をこらしていたこと
エ 日本建築から屋根がだんだん少なくなっていること

（　　）

(2) ――線②「本家ヨーロッパ」の屋根についてまとめた次の文章の□にあてはまる言葉を、②段落からそれぞれの字数で本文中からさがし、ぬき出して答えなさい。

・フラット（水平）屋根は［A 三字］が悪く、［B 二字］した際《さい》の修理も大変だ。だからヨーロッパの人々は［C 二字］になり、物置として活用できる［D 三字］もある、［E 三字］のしない［F 六字］屋根を採用《さいよう》している。

A［　　　］　B［　　］　C［　　］　D［　　　］　E［　　　］　F［　　　　　　］

(3) ――線③「根本的なまちがい」とありますが、何が「根本的なまちがい」だと筆者は述《の》べていますか。最も適切なものを次から選び、記号で答えなさい。

ア 建物が老朽化すると雨もりするのは当然で、定期的な修理が必要という考え方。
イ 屋上が建物では最も風化しにくいという前提《ぜんてい》で建物を建てるという考え方。
ウ 鉄筋コンクリートの建物は、三〇年以上たっても老朽化しないという考え方。
エ フラットルーフは防水加工が十分なので、雨もりはしないという考え方。

（　　）

〈開成中―改〉

ハイクラス

時間 30分　合格点 70点　得点　点
（　月　日）

1 次の文章を読んで、あとの問いに答えなさい。（①～⑦は段落番号《だんらくばんごう》を表しています。）

① *類人猿《るいじんえん》のなかでも、チンパンジーやボノボは、人間と同じように食物を分配します。こうした分配行動が生活の前提《ぜんてい》となると単に力の強いものが食物をつねに独占《どくせん》するわけにはいきません。それぞれの個体間《こたいかん》での複雑《ふくざつ》な関係のなかで、食物を分け与《あた》え合うことが、彼《かれ》らの暗黙《あんもく》のルールとなるからです。ただ類人猿は、食物の物乞《ものご》いを受けた場合にのみ、その所有者が分配という行動をとります。

② ところが人間の場合には、類人猿と明確《めいかく》に異《こと》なって、相手に乞《こ》われなくても、自ら食物を与えるところに特徴《とくちょう》がある、とされています。基本的《きほんてき》に霊長類《れいちょうるい》は、①集団で生活するより、自ら生活を守り発展《はってん》させてきました。なかでも人間は、オスとメスが持続的な配偶《はいぐう》関係を保《たも》つと同時に、オスを中心としたさまざまな集団に属《ぞく》することで、食物などを手に入れる社会を形成してきました。

③ つまりオスたちが集団で獲得《かくとく》してきた食べ物を、メスや子供《こども》たちに当然のこととして分配する、というシステムを持っています。まさに相手に乞われなくても、つねに食物を分配すべき最小の単位として、家族を形づくるということになります。そして最も効率《こうりつ》よく、こうした家族や集団を養いうる食物は、いうまでもなく大きな動物の肉でした。

④ これについては、動物的運動能力《のうりょく》の限界《げんかい》から、人間は集団的な社会性を高めることによって、大型獣《おおがたじゅう》の捕獲《ほかく》が可能《かのう》になりました。それゆえ、家族の主要な食物獲得者となるオスたちによって、狩猟《しゅりょう》のための集団が編成《へんせい》されることになります。これは当然のことながら、ベースキャンプでまつ家族の分も含めて、獲物の肉を分配することが前提となります。

⑤ こうして人間は、一対のオス・メスを中心とした家族という単位集団を基礎《きそ》とするとともに、同時にさまざまな複雑な集団を構成《こうせい》して、それぞれに*アイデンティティを維持《いじ》しつつ生きています。しかも、その最も基本的な活動としては、採食《さいしょく》行動に中心がありましたから、仲間たちあるいは家族で一緒《いっしょ》に食事をすること、つまり共食が不可避《ふかひ》な行為《こうい》になるのです。

⑥ そして、そこでは舌《した》が重要な役割《やくわり》を果《は》たしました。乞われなくてもその食物を分け与えるべきか否《いな》か、をオスたちは舌で判断《はんだん》しなくてはなりません。つまり集めた食べ物の味覚を確《たし》かめた上で、食物の分配を行い、一緒に食事をとるのです。

それゆえ②食物の獲得や処理《しょり》のスタイルによって、それぞれの集団に共通する文化が生まれました。

7 それゆえ結果的にも、仲間たちの間には、同じような味覚の体系《たいけい》が共有されることになりました。まさに舌による共通の味覚の確認《かくにん》が、彼《かれ》らのアイデンティティとなり、それを得るための文化体系が、その集団《しゅうだん》の共通性《きょうつうせい》を形成したからです。つまり□は、集団としての結びつきを確認しつつ、これをより強固にすると同時に、その社会性を高める働きをしている、とみなすことができます。

（原田信男《はらだのぶお》「食べるって何？――食育の原点」）

＊類人猿…サルのなかま。
＊アイデンティティ…自分が何者であるかという独自性。

(1) ――線①「集団で生活する」とありますが、当時の人間の集団での生活はどのようなものでしたか。これについてまとめた次の文の□にあてはまる言葉を本文中から四字でさがし、ぬき出して答えなさい。（20点）

・オスとメスで構成される家族を基礎にして、□を行う集団。

□□□□

(2) 1・2段落で述《の》べられている、類人猿（チンパンジーやボノボなど）と人間の特徴について、似《に》ている点とことなる点について、それぞれ答えなさい。（40点・一つ20点）

・似ている点
（　　　　）

・ことなる点
（　　　　）

(3) ――線②「食物の獲得や処理のスタイルによって、それぞれの集団に共通する文化が生まれました」とありますが、これはどういうことですか。次の中から最も適切《てきせつ》に言いかえたものを選び、記号で答えなさい。（20点）

ア 家族の中で、コーヒーにさとうを何個入れるかが決まっていて、おたがいにそれを覚えていること。
イ いなかでタケノコをほりに行った時、とれたタケノコをその場で料理して食べた。
ウ 雪が多い地域《ちいき》では、冬に新せんな野菜が手に入らないので、つけものにして保存《ほぞん》する。
エ 友だち同士でおやつを交かんすると、おたがいにいろいろな味が体験できて楽しい時間が過《す》ごせる。

（　　）

(4) □にあてはまる言葉を本文中から二字でさがし、ぬき出して答えなさい。（20点）

□□

〈かえつ有明中―改〉

14 段落《だんらく》のまとまりを読む

学習内容とねらい

段落同士の関係がわかると、いくつかの段落を、意味内容《ないよう》によって一つのかたまりとしてとらえられるようになり、文章全体の内容を理解《りかい》しやすくなります。

（　月　日）

標準クラス

1 次の文章を読んで、あとの問いに答えなさい。

[1] さて、このような観点から、あらためてわが日本語をかえりみると、ただちに気付くのが「わたし」という一人称《いちにんしょう》の多様さである。日本語ほど一人称代名詞《めいし》に多くのバラエティを与えている言葉はほかにないのではあるまいか。「わたくし」「わたし」に始まり、「ぼく」、「われ」、「おれ」、「自分」、「手前」、「うち」、「わし」、「それがし」、「吾《わ》が輩《はい》」、「当方」、「こちら」、「小生」、さらに「あっし」とか「あたい」とか「わて」とか、「おいら」「こちとら」といったものまで加えれば、その数、ゆうに二十を越《こ》えるという。英語やフランス語、ドイツ語などでは一人称の代名詞はそれぞれ、I、Je、Ichたった一語である。それに対して日本語には、なぜこんなにたくさん「自分」をあらわす言葉があるのか。それは、日本人が他の民族よりも、ひと一倍「自分」に注意を払《はら》い、「自己《じこ》」に深い関心を持っていることを語っているのだろうか。端的《たんてき》に言えばそうである。[A]、だからといって日本人に①自我意識《じがいしき》が強いとは必ずしもいえそうにない。いや、むしろ欧米人《おうべいじん》に比較《ひかく》して日本人は「自分」を主張することがずっとひかえめであり、日本では「個人《こじん》」という意識《いしき》、「我」の自覚が西欧人にくらべてかなり遅《おく》れているというのが〝通説〟になっている。たしかに日本で個人主義《しゅぎ》が芽生えたのは、ようやく第二次世界大戦後といってもいい。[B]現在《げんざい》に至《いた》っても、「個」の意識はまだまだ希薄《きはく》で、日本の社会全体は画一《かくいつ》主義で貫《つらぬ》かれている。画一主義とは没個性的《ぼつこせいてき》ということであり、要するに「個」が「全体」に埋没《まいぼつ》してしまっている状況《じょうきょう》である。それなのに、日本人が他民族よりも「自分」に注意を向け、つねに「自己」を意識しているといえるのだろうか。

[2] じつは日本人の自己意識は他民族、[C]欧米人のそれとは質的《しってき》に異《こと》なっているのである。ヨーロッパ人は自分というものを、実体的にとらえようとする。自分というのは、それこそかけがえのない存在《そんざい》であり、独立《どくりつ》した一個の人格《じんかく》と信じている。ヨーロッパの哲学《てつがく》が古代ギリシャのむかしから一貫《いっかん》して求めてきたのは、ただひたすら「自分」というものの本質であった。「なんじ自身を知れ！」というデルフォイの神託《しんたく》*を哲学の出発点としたソクラテス、「われ思う、ゆえにわれ在り」を哲学の原点に据《す》えたデカルト、「人間とは自分の存在を自覚した存在者だ」とするキルケゴール……ヨーロッパの哲学史は、「自分」という実体へ向かっての旅だったといってもよい。

[3] それに対して日本人は自分という一個の人間を、実体としてではなく、機能《きのう》として考えてきた。個人は決して単純《たんじゅん》に存在

するのではない。つねに「世間《せけん》」で他の大勢の人たちとさまざまな人間関係のなかで生きるのだ――というのが日本人の人間観の前提だった。②げんに「人間」という言葉自体がそうした考え方を正直に語っている。この言葉はいうまでもなく中国から受け入れた漢語であるが、この漢語の意味はもともと人間の世界、[D]「世間」ということなのである。ところが、それが日本ではいつの間にか「人」そのものをあらわす言葉になった。ということは、日本人にとって「世間」も「人」も同一のように思われていたからにちがいない。日本人は社会と個人を一体化して考えてきたのである。

（森本哲郎《もりもとてつろう》「日本語　表と裏《うら》」）

＊なんじ…「おまえ」という意味の古い言葉。

(1) 本文中の[A]～[D]にあてはまる最も適切《てきせつ》な言葉を次から選び、記号で答えなさい。

ア たとえば　**イ** すなわち

ウ そして　**エ** しかし

A（　　）B（　　）C（　　）D（　　）

(2) ――線①「自我意識」とありますが、筆者はこれをどのような意識のことだと述べていますか。次のように答えるとき、[　　]にあてはめるのに最も適切な言葉を本文中から漢字二字でさがし、ぬき出して答えなさい。

自分を個人という[　　]としてつねに意識する気持ち。

(3) ――線②「げんに……そうした考え方を正直に語っている」とありますが、なぜ「人間」という言葉自体が、日本人の人間観を物語ると言えるのですか。理由として最も適切なものを次から選び、記号で答えなさい。

ア 「人間」という言葉は、中国ではもともと「世間」という言葉だったから。

イ 日本には「人間」をあらわす言葉がなく、中国の「世間」にあたる「人間」を転用したから。

ウ 日本人にとって「人間」とは、「人が生きる世界」である「世間」とほぼ同じ意味を持つものだったから。

エ 「人間」とは、日本のすべての面でのお手本である中国から受け入れた言葉だから。

（　　）

発てん (4) [2]段落と[3]段落は、どのようにつながっていますか。次のように答えるとき、[Ⅰ]・[Ⅱ]に入る最も適切な言葉を答えなさい。ただし、[Ⅰ]は、本文中から三字でさがし、ぬき出して書きなさい。また、[Ⅱ]は、あとから選び、記号で答えなさい。

[2]段落では、[Ⅰ]の自己意識について述べ、[3]段落では、[Ⅱ]日本人の自己意識について述べている。

ア それと対照的な　**イ** それからえいきょうを受けた

ウ それと同じ性質の　**エ** それにえいきょうをあたえた

Ⅰ　　Ⅱ（　　）

（青稜中―改）

ハイクラス

時間 30分
合格点 70点
得点 　点
（　月　日）

1 次の文章を読んで、あとの問いに答えなさい。（1～5は段落《だんらく》番号を表しています。）

1 絵の前に立ってみよう。見るというのはすばらしいことである。現実《げんじつ》の風景や人の動きや顔を見ていても楽しいし、それだけではなく、自然や社会との自分のかかわりあい方、距離《きょり》、位置などが、見ることによって、おのずからわかってくる。絵を見るのもそれと同じである。というより、すぐれた画家たちの目を通してさまざまなものを見ることができるわけだから、私《わたし》たちは、①いわば強化された目で、色《しき》彩《さい》や形を楽しみ、自然や社会や人を見なおすことができる。

2 もちろん、絵の中には、別な時代、異《こと》なった国の自然や人びとの動きがくりひろげられている。それだけではなく、とうぜん、ちがった見方、感じ方がある。この世のなかに、さまざまな言語や風習があるように、ものの見え方や見方には、時代によって、社会によって、そして個性《こせい》によって、無数の差異《さい》がある。一定の光線のもとでのある色彩は、物理学的には*恒常値《こうじょうち》だろう。だが、人によってその感じ方はちがう。同じ赤を、ある人は生命の強烈《きょうれつ》さと感じたとしても、別な人は不快《ふかい》な醜《みにく》さと受けとるかもしれない。同じ人が、そのときの気分によってちがった反応を示すこともありうる。感覚とは主観的なもので、したがって相対的なものでしかない。

3 しかし、すぐれた芸術家《げいじゅつか》は、そのような主観性――［A］、その芸術家が生きている時代や社会の動向をもふくめた個性や気分――を尊重《そんちょう》し、それを根拠《こんきょ》としながら、そこから*普遍的《ふへんてき》なものをみちびきだしてくれる。画家の目は、私たちを、別な時代、別な国、［B］別な感じ方へとみちびき、同時に、そこに普遍的なもの、人間的なものをみいだすのを助けてくれる。

4 とにもかくにも絵の前に立ってみることである。そして、ちょうど君たちが音楽に耳をかたむけるように、絵のなかに入ろうとすることである。絵の前に立っていれば、その絵は必ず何かを語りかけてくれる。もっとも、声高《こわだか》な絵もあれば、容易《ようい》に語ってくれない絵もある。概《がい》して、絵画は、音楽ほど直接的《ちょくせつてき》に心のなかに入ってくれないといってよい。見るというのはより主体的な作業だし、ときにはかなり知的な作業だといってよいからである。といっても、最初は、きわめて感覚的な印象に身をゆだねるしかない。絵を一べつしただけで何かの印象を感ずるというのは、受動的な作業だから困難《こんなん》なことではない。

5 この最初の一べつと最初の印象のあとで、視線《しせん》は画面のあちこちをさまよい、あるいは画面のなかに入ってゆこうとする。あるいはまた題名とひきくらべながら、絵の主題やテーマを理解《りかい》しようとする作業が始まる。第一印象とはちがった印象が生まれてくるかもしれない。思わぬ美しさを発見したり、不思議な形を発見するかもしれない。しかし、良い作品を、じっくり見ることをすすめたい。画家たちの目と心に、君たちの目と心がしだいに接近し、同調するのを待つことである。画家たちの目がみいだし、歓《よろこ》び、そして組み立てたものをみつめ、画家たちの心の振幅《しんぷく》に君たちの心の振幅が同調してくれれば、君たちは、そこに②新しい世界を発見したことになる。

（中山公男《なかやまきみお》「絵の前に立って　美術館めぐり」）

＊恒常値…常に変わることのない、一定の数値《すうち》。
＊普遍的な…すべての物事に共通して当てはまるような。

発てん
(1) [2]段落と[3]段落の関係を述《の》べたものとして最も適切《てきせつ》なものを次から選び、記号で答えなさい。（20点）

ア [2]段落で筆者の基本的《きほんてき》な主張《しゅちょう》を述べ、[3]段落でそれに対して予想される反論《はんろん》を紹介《しょうかい》している。
イ [2]段落である問題を指てきした上で、[3]段落でそこから生じる次の問題について説明している。
ウ [2]段落である問題の存在《そんざい》を指てきしつつ、[3]段落でその問題は根本的なものではないと説明している。
エ [2]段落で筆者の基本的な主張を述べ、[3]段落でその根きょとなる具体的な事実を述べている。

（　　）

(2) 本文中の[A]・[B]にあてはまる言葉を次から選び、記号で答えなさい。（20点・一つ10点）

ア だから　イ そして　ウ つまり　エ ところで

A（　　）　B（　　）

(3) ――線①「いわば強化された目」とありますが、これを説明したものとして最も適切なものを次から選び、記号で答えなさい。（20点）

ア 絵から受ける最初の印象に身をゆだねた見方。
イ 自分と周囲の関係を理解《りかい》することができた見方。
ウ 自分の感じ方に画家の感じ方が加わった見方。
エ 画家と自分との感じ方の大きな差に気づいた見方。

（　　）

(4) ――線②「新しい世界を発見した」とありますが、これとほぼ同じ意味を述べている部分を、本文中から十五字以上二十字以内でさがし、初めと終わりの三字を答えなさい。（20点）

□□□～□□□

(5) 本文を大きく二つのまとまりに分ける場合、後半はどこから始まりますか。後半の初めの五字をぬき出して答えなさい。（20点）

□□□□□

（鎌倉学園中―改）

時間 50分 合格点 70点 得点 点

月 日

1 次の文章を読んで、あとの問いに答えなさい。

一枚《いちまい》の地図は、①まだ見も知らぬ土地へのイメージをかき立ててくれる。

一枚の地図は、人の視点《してん》を鳥のそれへ、山や、人工衛星《えいせい》や宇宙船《うちゅうせん》の高みへまでも引き上げてくれる。

地図を見れば、見えなかったものまで見えてくる。新しい世界が広がる。

たまには世界地図を眺《なが》めてみよう。世界地図をめくって、じっくりと〝読んで〟見よう。

地図はたしかに印刷物にすぎない。平板な印刷物にすぎない。しかし、その「読み方」次第では、ただの印刷物以上の世界がその上に浮《う》き出てくる。

青く塗《ぬ》られた海がある。その海も穏《おだ》やかな時もあり、あらしの時もあるだろう。何日も何日も、三六〇度周囲はただうねる海の水以外に何もないところもあるだろう。時たま船が通るかもしれない。

ぽつんと黒い点のようにしか描《か》かれていない島がある。大きな海にのみこまれもせず、ひたすら水の上に頭を出しているけなげな島の周りには、サンゴ礁《しょう》が守り神のように取り巻《ま》いて寄《よ》せる波と闘《たたか》っているのだろうか。

緑の広がる平野がある。畑があるのだろうか。牧草地があるのだろうか。それとも未開墾《みかいこん》の荒《あ》れ地が地平線の向こうまで続いているのだろうか。

その中に小さな一重丸で示《しめ》された町がある。名前も聞いたことのない、歴史にもマスコミにも登場することのない町だが、そこにも人が住み、生活があり、数知れぬ人生のドラマが延々《えんえん》と続いているのだろう。

茶色のしまが織《お》りなす山脈がある。その高い頂《いただき》は、年中雲におおわれているかもしれない。人間の文明から遠く離《はな》れたところでも自然の営みは休むことなく続き、山のひだを削《けず》って川が流れ、風光明媚《めいび》な世界を作っていることだろう。

赤い線の鉄路は、網《あみ》の目のようにつながって町を結び、人をつなぎ、国をもつないでいる。どんな列車がどんな人を乗せて、どんな荷物を積んで走っているのだろうか。

赤い帯と黒い波線の国境線《こっきょうせん》がある。地図の上の線でこれほどあからさまな線はない。国境は人を隔《へだ》て、この線を越《こ》えるのは一般《いっぱん》にあまり容易《ようい》ではない。この線でくぎられると、ことばが違《ちが》う異国《いこく》である。人種が違う国である。国を作っている考え方、政治体制《せいじたいせい》が違う別の国である。

地球上の陸地は、南極という唯一《ゆいいつ》の例外を除《のぞ》いて、すべてくまなくこの国境線で区画されている。そして、それぞれに色分けされた領土《りょうど》と、国民を持つ国々が、争い、話し合い、協調し、取り引きし、交流しながら、歴史を作ってきた。

②それが、われわれの地球である。それが、われわれの世界である。

その、地球のしわのでこぼこを克明《こくめい》に写し取り、人間の作った線までも加えたものが世界地図である。

地図の歴史は古い。実用的な情報手段《じょうほうしゅだん》として優《すぐ》れたところがあるのだろうか。昔の人が残した世界地図では、海の向こうは怪物《かいぶつ》が住む世界の果てとして描かれており、さらにその向こうで海は大きな滝《たき》になって暗黒の中に落ちこんでいた。

暗黒の世界は人々が知らない部分であったが、今では世界地図の上で暗黒の世界はほとんどない。しかし、われわれが個人的に一人ずつ心の中に作っている世界地図は、実は暗黒の部分だらけではないだろうか。

われわれが、個人の経験《けいけん》と興味《きょうみ》と日常の中から作った「世界地図」は、せいぜい日本地図の枠《わく》から大きく広がることがあまりない。島国日本の住民であることもその原因《げんいん》であるかもしれないが、その島国を巡《めぐ》る世界の情勢《じょうせい》は、その住人の③精神的鎖国状態《せいしんてきさこくじょうたい》を許さなくなっている。

世界地図は日本人が国際的視野《こくさいてきしや》を持つための入門教材といえなくもない。


（高野《たかの》 孟《はじめ》「入門 世界地図の読み方」）

(1) ――部①「まだ見も知らぬ……かき立ててくれる」とありますが、筆者が地図を眺めることでイメージをかき立てられている部分を本文中からさがし、初めと終わりの五字を答えなさい。(10点)

□□□□□ 〜 □□□□□

(2) ――部②「それが、われわれの地球である。／それが、われわれの世界である。」とありますが、これが指す内容として最も適切《てきせつ》なものを次から選び、記号で答えなさい。(15点)

ア あからさまな国境というものを作り出してきた世界。
イ 国境線に沿《そ》って歴史を作ってきた世界。
ウ 人々が国境で区分けされ、その中で生きてきた世界。
エ 美しい自然と、争い続ける人間が作り出した世界。
オ 多彩《たさい》な自然と複雑《ふくざつ》な人間の営みとが作り出す世界。

（　　）

(3) ――部③「精神的鎖国状態」とはどのような意味ですか。その説明として最も適切なものを次から選び、記号で答えなさい。(15点)

ア 世界のことを知らない無知な状態。
イ 世界に目を向けようとしない精神状態。
ウ 世界の歴史を知ろうとしない精神状態。
エ 世界の国々と争い続けようとする精神状態。
オ 鎖国制度に満足している精神状態。

（　　）

(4) 本文を内容から考えて二つに分けるとすると、後半はどこから始まりますか。初めの五字を答えなさい。(10点)

□□□□□

〈西武学園文理中―改〉

2 次の文章を読んで、あとの問いに答えなさい。（1～6は、段落《だんらく》番号を表しています。）

1 今ここで、アナウンサーの私《わたし》に求められているのは、「話し方」について書くことだろう。［A］、「話し方」だけがどんなにすぐれていても、①それだけで「美しい日本語」にならないのはいうまでもない。そこでまずは、私の考える「②美しい日本語」について。

2 三十六年余《あま》りのＮＨＫ生活の中で、私は数え切れない人々に会い、話を聞いた。心底③感動する話を聞くことも少なくなかった。そんな話に共通していたのは、自分の体験を通して学んだことを、自分の頭で考えた言葉で、かざらず正直に語ったものだったということだ。その人にしか語れない、その人ならではの発見に満ちた話は、胸《むね》に深くしみいるようで、本当に美しいと思った。つまりはそっちょくに語られる「自分の言葉」こそ美しいと、私は思っている。そしてそんな言葉は、その内容《ないよう》にふさわしく、その人らしい魅力的《みりょくてき》な語り口で伝えられたものだ。では、どんな「話し方」が魅力的なのか。ここからは、美しい「話し方」について、私の専門《せんもん》の音声の面から考えたい。

3 初めて乗る路面の電車で、車掌《しゃしょう》さんがフガフガと鼻にぬける声で、奇妙《きみょう》な節をつけ、気持ちよさそうにアナウンスしていた。降《お》りるべき駅がいくつ目なのか、急行に乗りかえる方が良いのかどうか、私は緊張《きんちょう》して聞いていたが、かんじんなことが少しも分からない。まったく「子供《こども》の電車ごっこ」じゃないんですから、まじめにやってほしいものです。これなんぞ「美しい話し方」の④対極だろう。なぜこういうことが起こるのか、その元凶《げんきょう》は、車掌さんが自分が話すことの目的をきちんと念頭においていないこと。だれに何を伝えるために、今自分はアナウンスするのかを意識《いしき》していれば、おのずから声も、発音も、*イントネーションも変わってくるはずだ。初めてこの電車に乗った乗客にも、駅名がはっきり聞き取れるような明りょうな発音で、聞きやすい声で、分かりやすく説明しようという親切心があれば。

4 「美しい話し方」の第一歩は、まず「相手に伝える」ということをきちんと意識するところから始まる。

5 歌舞伎《かぶき》の世界では昔から「一声、二顔、三姿《すがた》」などと言って、役者の顔や姿よりも「口跡《こうせき》」を大事にしてきたという。口跡、［B］発声・発音や台詞《せりふ》まわしなど「話し方」に通じるものだ。「美しい話し方」をする上で「声」は、それだけ重要な要素なのだが、では良い声とはどんな声だろう。

6 先日もある空港の土産物屋《みやげものや》の店員さんが、やたら元気に大声で応対してくれるのには閉口した。おそらく「大きな声で」と教育されているのだろう。しかし目の前の客と話すのにそんな大声は必要ない。だれに話すのか、ここでも「相手」を意識すればおのずから声の大きさも決まるはずだ。遠くの人や大観衆《だいかんしゅう》に向かえば、そこに届く大きな声で。かたわらの恋人《こいびと》に話すのならささやくような小声で。その場にふさわしい声の大きさも大事だ。

（山根基世《やまねもとよ》「自然な発音とイントネーション」）

＊イントネーション…声の上がり下がりの調子。

(1) ――線①「それ」が指しているものを、本文中の言葉を使って十五字以内で答えなさい。（5点）

(2) 本文中の［A］・［B］にあてはまる言葉を次から選び、記号で答えなさい。（10点・一つ5点）

ア だが　**イ** そのうえ
ウ だから　**エ** つまり

A（　）B（　）

(3) ――線②「美しい日本語」とありますが、筆者の考える「美しい日本語」とは、どのようなものですか。本文中から二十字以内でさがし、初めと終わりの五字を答えなさい。（5点）

［　　　　　］～［　　　　　］

(4) ――線③「感動する」とありますが、筆者が感動する話の条件《じょうけん》としてあげていることを三つ書きなさい。（15点・一つ5点）

（　）
（　）
（　）

(5) ――線④「対極」とありますが、どのような点が「対極」なのですか。「相手」という言葉を使って、三十字以内で書きなさい。（10点）

(6) 本文を意味のまとまりから三つに分けるとすると、どのように分けられますか。最も適切《てきせつ》なものを次から選び、記号で答えなさい。（5点）

ア ［1］：［2・3・4］：［5・6］
イ ［1］：［2・3］：［4・5・6］
ウ ［1・2］：［3・4］：［5・6］
エ ［1・2］：［3］：［4・5・6］

（　）

〈学習院中―改〉

15 説明文を読む（読み取りの基本）①

（　月　日）

学習内容とねらい

説明文は、まず何について書かれているか話題をつかむようにします。そこから細部を読み取り、説明されていることについて理解《りかい》を深めるようにします。

標準クラス

1 次の文章を読んで、あとの問いに答えなさい。（1～4は段落《だんらく》番号を表しています。）

1 わたしたち人類の祖先《そせん》は、いつごろから塩を使っていたのでしょう？　この質問《しつもん》の答えを見つけることはとてもむずかしいことです。海辺に住む人たちは、ぐうぜんに塩を見つけて使っていたかもしれません。しかし、塩が、くらしの中でたくさん使われるようになったのは、人類の祖先が地球にあらわれてから、だいぶ後になってからのようです。

2 ①その時期がいつごろかを日本でみると、②縄文《じょうもん》時代の終わりから、弥生《やよい》時代にかけてのころではないかといわれています。今からおよそ二〇〇〇年前のことです。でも、数万年前の無土器時代とよばれるころ、日本列島にはすでに人が住み、約一万年前から始まる縄文時代になると、土器をつくる技術《ぎじゅつ》を持つ人びとが、広い範囲《はんい》に生活していたことがわかっています。縄文時代や無土器時代の人びとにも、塩はもちろん必要でした。でも、③わざわざ塩として食べる必要があまりなかったのです。そのわけは、人びとのくらしぶりと、食べ物にかくされていました。

3 縄文時代の人びとは、野生の動物や魚、植物をつかまえたりとったりしてくらす、狩猟《しゅりょう》・採集《さいしゅう》生活をおくっていました。当時の人びとは、狩《か》りした動物の内臓《ないぞう》や、骨《ほね》の髄《ずい》をこのんで食べたといいます。じつは、この動物の肉や内臓、骨の髄などの中に塩分がふくまれていたのです。［A］、人びとは、塩としてとらなくても、食べ物から、自然に塩分を補給《ほきゅう》することができたのです。

4 ［B］、縄文時代の終わりごろから、④食べ物から塩分をとるだけでは足りなくなってきました。それは、ちょうどこのころ、米づくりが始められたことが大きな原因《げんいん》です。稲《いね》の栽培《さいばい》をするようになると、狩猟・採集生活の時のように、野山を食糧《しょくりょう》を求めて移動《いどう》してくらすわけにはいきません。人びとは、田んぼをつくるのに適《てき》した土地に住み、稲の世話をするようになりました。このように、人びとのくらしが、農耕《のうこう》・定住生活へとうつりかわると、食生活も大きくかわっていきました。

（半田昌之《はんだまさゆき》「塩のはなし」）

(1) ［A］・［B］にあてはまる言葉として最も適切《てきせつ》なものを次から選び、それぞれ記号で答えなさい。（ただし、同じものはくり返して使えないものとする。）

ア たとえば　イ ところが
ウ なぜなら　エ ですから

A（　　）B（　　）

(2) ――線①「その時期」とありますが、どのような時期ですか。二十五字以内で答えなさい。

(3) ――線②「縄文時代の終わりから、弥生時代にかけてのころではないかといわれています」とありますが、このころ日本では、何が始められるようになったのですか。本文中から四字でぬき出して答えなさい。

発てん
(4) ――線③「わざわざ塩として食べる必要があまりなかったのです」とありますが、それはどうしてですか。二十五字以内で答えなさい。

(5) ――線④「食べ物から塩分をとるだけでは足りなくなってきました」とありますが、それはなぜですか。最も適切なものを次から選び、記号で答えなさい。
ア 米づくりが始められたことによって、人口が安定して増加《ぞうか》したから。
イ 米づくりが始められたことによって、狩猟・採集の必要がなくなったから。
ウ 米づくりが始められたことによって、人体に必要な塩分が増加したから。
エ 米づくりが始められたことによって、人びとの食生活が変化したから。
（　　）

(6) この文章の構成《こうせい》を述《の》べたものとして最も適切なものを次から選び、記号で答えなさい。
ア 1段落では、筆者が述べたい主張《しゅちょう》が根拠《こんきょ》を示《しめ》して書かれている。
イ 2段落では、筆者が疑問《ぎもん》に思っている問題を提起《ていき》している。
ウ 3段落では、2段落で提示《ていじ》された疑問に対する回答が書かれている。
エ 4段落では、3段落で述べた内容と異なる新たな展開が書かれている。
（　　）

ハイクラス

時間 30分　合格点 70点　得点　点

（　月　日）

1 次の文章を読んで、あとの問いに答えなさい。

次の文章を読んでみて下さい。文章は、これも*ブランスフォードたちのものですが、結構《けっこう》よくできています。

新聞の方が雑誌《ざっし》よりいい。街中より海岸の方が場所としていい。最初は歩くより走る方がいい。何度もトライしなくてはならないだろう。ちょっとしたコツがいるが、つかむのは易《やさ》しい。小さな子どもでも楽しめる。一度成功すると面倒《めんどう》は少ない。鳥が近づきすぎることはめったにない。ただ、雨はすぐしみ込《こ》む。多すぎる人がこれをいっせいにやると面倒がおきうる。ひとつについてかなりのスペースがいる。面倒がなければ、のどかなものである。石はアンカーがわりに使える。ゆるんでものがとれたりすると、それで終わりである。

言葉としてはわかるのですが、ちんぷんかんぷんですね。文法や単語でわからないものはありません。①でも、わかりません。「何の話」かがわからないからです。

ここで、この話は「凧《たこ》を作って揚《あ》げる」ことについてなのだ、と言われると、とたんにすべてが氷解《ひょうかい》しませんか。なぜ「最初は歩くより走る方がいい」のか見当もつきませんでしたが、「ああ、凧を揚げるときに走るあのことなのか」と合点《がてん》がいきます。揚がるまでが大変ですが、いちど揚がってしまえば後は歩く必要すらありません。また、「ひとつについてかなりのスペースがいる」というのは、「他の凧と衝突《しょうとつ》したり糸が絡《から》まったりしないように」なのだな、とこれも簡単《かんたん》に了解《りょうかい》できます。

この簡単な実験をもとに考えていきましょう。

まず、何の話かがaわからなければ、話はbわからない、ということからです。これは、なぜでしょう。この問は逆《ぎゃく》にすると、わかりやすいかも知れません。何の話かわかると、私《わたし》たちはなぜわかるようになるのでしょう。

この文章の場合、私たちに知らされたのは「凧を作って揚げる」ということだけです。

「凧を作って揚げる」という言葉に含《ふく》まれている情報《じょうほう》だけで、文章がわかるように②なったのでしょうか。そうではありません。凧に関する種々《しゅじゅ》の知識《ちしき》があらかじめ私たちに存在《ざいそん》しており、その知識が使われて、わかることができたのです。

そのことに疑問《ぎもん》のある方は、凧に関する知識がない人に、「凧」に関する話だと*示唆《しさ》しただけで、この文章をわかるようになるかどうかを想像《そうぞう》してみて下さい。風が弱いときには、走って揚げなければならないことを知らなければ、「最初は歩くより走る方がいい」ということがわかるわけはないでしょう。上空の方が風が強いせいでしょうか、凧は③一度揚がると、あとは比較的《ひかくてき》楽です。このことを知らないで「一度成功すると面倒は少ない」ということがわかるでしょうか。

（西林克彦《にしばやしかつひこ》「わかったつもり　読解力がつかない本当の原因《げんいん》」）

＊ブランスフォード…アメリカの心理学者。言語学者。

＊示唆…それとなく教えること。

(1) ――線①「でも、わかりません」とありますが、この話がわかるために必要なことのうち、筆者が最も強調しているものは何ですか。本文中から十字でぬき出して答えなさい。（20点）

□□□□□□□□□□

(2) ――線a「わからなければ」、b「わからない」は、何についてわからないと述《の》べているのですか。次からそれぞれ一つ選び、記号で答えなさい。（20点・一つ10点）

ア 話題　イ 疑問《ぎもん》　ウ 心理　エ 文章

a（　　）b（　　）

(3) ――線②「なったのでしょうか」とありますが、この部分の表現《ひょうげん》を説明したものとして最も適切《てきせつ》なものを次から選び、記号で答えなさい。（20点）

ア 疑問文　イ 疑問文の形をした否定文《ひていぶん》

ウ 肯定文《こうていぶん》　エ 二重に否定をしている文

（　　）

(4) ――線③「一度揚がると、あとは比較的楽です」とありますが、ここで比較されている楽でない過程《かてい》について、次のように答えるとします。□にあてはまる言葉を本文中から五字でぬき出して答えなさい。（20点）

凧は□が、楽ではない。

□□□□□

(5) この文章を通じて筆者が述べていることを説明したものとして最も適切なものを次から選び、記号で答えなさい。（20点）

ア 文章を理解《りかい》するためには、多少文法の面で理解できないことがあっても、単語の意味を十分に理解していれば、差しつかえはない。

イ 文章を理解するためには、単語の意味や文法が理解できてさえいれば、「何の話」であるかは理解してもしていなくてもよい。

ウ 文章を理解するためには、単語の意味や文法、また、その文章が「何の話」であるかにくわえて、その話題に関する知識が必要となる。

エ 文章を理解するためには、その文章が「何の話」かという話題さえわかれば十分であり、文法や言葉、その話題に関する知識は必要ない。

（　　）

〈日本大中―改〉

16 説明文を読む②（要点を読み取る）

（　月　日）

学習内容とねらい

くり返し述《の》べられていたり、具体例を用いたりして書かれていることは、その文章の要点であることが多いです。要点を正しくつかめるようにしましょう。

標準クラス

1 次の文章を読んで、あとの問いに答えなさい。

大きな西瓜《すいか》の写真と「切ってから不味《まず》いでは遅《おそ》い」の文字が踊《おど》っている一頁《ページ》大の広告が新聞に載《の》っていたことがあった。「色で、形で、光の通り方で——切らずに、食べずにおいしさがわかる」果物熟度《じゅくど》選別機という添《そ》え書きがあり、文字どおり西瓜などの果物の熟《う》れ方が切らずに判別《はんべつ》できる機械の広告である。

エレクトロニクスの進歩もここまできたかと感心して次の頁に目を移《うつ》そうとしたが、□果物のおいしさとは何だろうかと気になってきた。人間の味覚のことであり、甘《あま》い西瓜が好きな人、水分の多い方をよしとする人と好みが異《こと》なり、また、同じ人でもその時々の身体の状況《じょうきょう》によって求める味覚は異なるはずである。識別《しきべつ》できるということはすばらしいことだが、①店頭に並《なら》ぶ西瓜のおいしさの基準《きじゅん》はどのように定められるかが気になってきた。当然のことながら売り手が商品として店頭に並《なら》べたいのは、いわゆる売れ筋《すじ》の商品であろう。より多くの人に好まれる味の西瓜が店頭に並べられることになる。いわば、平均的《へいきんてき》な味が選ばれることになる。そして、西瓜のどれをとっても同じ味ということになるのは必然的なことである。西瓜の味の均等化、別ないい方をすれば機械がもたらすものは、西瓜の味の多様性を喪失《そうしつ》させることにならないだろうか。非常《ひじょう》に甘い西瓜、非常に水気の多い甘さの少ない西瓜、このような両極端《りょうきょくたん》に位置する西瓜を欲《ほっ》したとしても、不可能になり、そのような味の西瓜を好む味覚の持ち主の方が、②平均値から異常《いじょう》に離《はな》れた味覚の持ち主というレッテルを貼《は》られて、世の中に受け入れてもらえなくなってしまうのではないだろうか。

③たかが西瓜のことと侮《あなど》ってはならない。高効率《こうりつ》化という名のもとに、他のあらゆるものが多様さを失い、均一化の方向に向かってしまうのではないかという④恐《おそ》れにも近い気持ちになってくる。

（三島次郎《みしまじろう》「街角のエコロジー」）

(1) □にあてはまる言葉として最も適切《てきせつ》なものを次から選び、記号で答えなさい。

ア つい　イ また　ウ ふと　エ もし　（　　）

(2) ——線①「店頭に……なってきた」について、次のように説明しました。空らんにあてはまる言葉を、［A］は本文中から十一字でぬき出し、［B］は本文中の言葉を使って六字で答えなさい。

選別機が導入《どうにゅう》されれば、売り手はおいしさの基準を［A］味に設定するのは当然であり、それは西瓜の味の、均等化や［B］につながってしまうのではないかと気がかりになっている。

A ［　　　　　　　　　　　］

B ［　　　　　　］

発てん
(3) ——線②「平均値から……レッテルを貼られて」とありますが、なぜレッテルを貼られるのですか。本文中の言葉を使って三十五字以内で答えなさい。

［　　　　　　　　　　　　　　　　　　　］

(4) ——線③「たかが西瓜のことと侮ってはならない」とありますが、この部分から読み取れる筆者の考えとして、最も適切なものを次から選び、記号で答えなさい。

ア 西瓜の問題は、均一化を防《ふせ》ぐ解決策《かいけつさく》がふくまれているのだから、自分の問題として早急に対策《たいさく》を講《こう》じて行動することが必要だということ。

イ 西瓜の問題は、この問題に限《かぎ》れば大した問題ではないかもしれないが、放っておけば不安がだんだんと増加《ぞうか》する危険性《きけんせい》があるということ。

ウ 西瓜の問題は、放っておくとあらゆるものが均一化の道へ向かってしまう要因《よういん》となるので、早急に解決しなければならないということ。

エ 西瓜の問題は、味覚に限った話ではなくあらゆるものにつながる重要な問題がふくまれるのだから、軽視《けいし》することはできないということ。

（　　）

(5) ——線④「恐れにも近い気持ち」について、次のように説明しました。空らんにあてはまる言葉を、本文中から［A］は二字で、［B］は三字でそれぞれ本文中からぬき出して答えなさい。

実生活においてもこの傾向《けいこう》が続き、あまりに［A］を求める動きがはげしくなると、物事の［B］へ向かってしまう危険性を筆者は指摘《してき》している。

A ［　　］

B ［　　　］

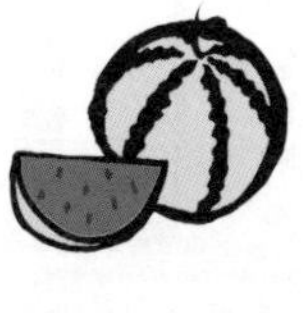

ハイクラス

時間 30分
合格点 70点
得点 点

月 日

1 次の文章を読んで、あとの問いに答えなさい。

私《わたし》たちの先祖《せんぞ》も、多種多様な哺乳動物《ほにゅうどうぶつ》たちによってつくりだされた自然の中で生まれてきたのです。だから、野生の哺乳動物たちがつくりだしている自然こそ、私たちの大切な故郷《こきょう》でもあるのです。それは野蛮《やばん》な世界ではなく、大きな感動と心の安らぎをあたえてくれる大切な故郷であるということに、人々は気づきはじめました。

私たちが野生の世界に立ったとき、大きな感動や心の安らぎを感じるのは、単なる知的な好奇心《こうきしん》からだけではなく、人間も自然の一部として生きていることに根ざしているからだと思います。

いまケニアには、この野生動物がすむ世界を求めて、世界中からたくさんの人が押《お》しよせています。この人たちが野生動物の行動をみているときの顔は、人種の違《ちが》いも、ことばの違いも、生活習慣《せいかつしゅうかん》の違いもまったく感じさせません。みんな同じような表情《ひょうじょう》でみています。みんな[A]として生きている人間の顔になっているからでしょう。[B]、多種多様な哺乳動物たちが、自然の中で生きる厳《きび》しさや豊《ゆた》かな愛情《あいじょう》やすばらしい知恵《ちえ》をつかった行動を展開《てんかい》してくれるからです。

それにしても、*原自然《げんしぜん》や共存《きょうぞん》・共生関係のもとにできあがっている自然が、人間の手によって地球規模《ちきゅうきぼ》で消滅《しょうめつ》させられていく中、同時にその自然を愛する人々がふえてきているのです。それは、原自然や共存・共生関係のもとにできあがっている自然が、単なる感傷的《かんしょうてき》な故郷ではなく、①現在《げんざい》を生きていく上での大きな力となる自然であるからだと私は思っています。

いま、人間は、地球規模での破壊《はかい》とまでいわれるような自然の使い方をしています。その中で人間は、人間そのものも含《ふく》めて生き物を殺すことに快感《かいかん》をおぼえてしまうようなおそろしい人がぞくぞくとでてくる、病める社会をつくりだしてしまっています。

②こんなとき、私たちは立ち止まって考えるだけではなく、③歴史を原点にまでさかのぼって考えることが大切なのです。その原点となる自然は、過去《かこ》のものとしてほとんど消滅《しょうめつ》してしまっていますが、いまなおわずかであっても原自然や共存・共生関係のもとにできあがっている自然がのこっています。これらが私たちの目で直接《ちょくせつ》みることができる具体的な原点の役目をしてくれます。このような自然があって初めて、人間にとって自然とはなにかということを考えることができます。また、その自然の中でいまをどう生きるかを考えるための、大きな力となってくれるのです。

[C]、私たちにとって大切なのは、このような自然は、現在を生きている人たちのためだけではなく、未来を生き

る人たちのためにものこさなければならないということです。

（黒田睦美《くろだむつみ》・黒田弘行《くろだひろゆき》「滅《ほろ》びゆくアフリカの大自然　絶滅寸前《ぜつめつすんぜん》の野生動物とわたしたちの生き方」）

＊原自然…人間の手が加わっていない自然。

(1) 本文中の[A]にあてはまる言葉を、本文中から五字でぬき出して答えなさい。（20点）

(2) 本文中の[B]・[C]にあてはまる言葉を次から選び、記号で答えなさい。（20点・一つ10点）

ア しかし　イ そして
ウ だから　エ たとえば

B（　　）C（　　）

(3) ――線①「現在を生きていく上での大きな力となる自然であるからだと私は思っています」とありますが、筆者はなぜこのように思っているのですか。最も適切《てきせつ》なものを次から選び、記号で答えなさい。（20点）

ア 自然は、大きな感動と心の安らぎを感じることができ、前向きに生きていこうとする勇気をあたえてくれるから。

イ 人間も自然の中で生まれ、自然の一部として生きているのであり、自然の中にこそ人間の生活の本質《ほんしつ》が存在しているから。

ウ 自然の中では多種多様な哺乳動物たちが、自然の中で生きる厳しさや豊かな愛情やすばらしい知恵をつかった行動を示してくれるから。

エ 自然の中で野生動物が展開する弱肉強食の世界は、さまざまな問題をかかえる現代社会に生きるためのヒントを示してくれるから。

（　　）

発てん
(4) ――線②「こんなとき」が指している内容《ないよう》を、本文中の言葉を使って四十字以内で答えなさい。（20点）

(5) ――線③「歴史を原点にまでさかのぼって考える」とありますが、筆者はなにが「原点」になると考えていますか。本文中から二十五字でさがし、初めと終わりの五字を答えなさい。（20点）

□□□□□～□□□□□

〈法政大中―改〉

17 説明文を読む（細部を読み取る）③

学習内容とねらい

出来事を描写《びょうしゃ》・観察した文章は、細部の読み取りが重要になります。細部に書かれた情報《じょうほう》を整理しながら読み進めるようにしましょう。

（　月　日）

標準クラス

1 次の文章を読んで、あとの問いに答えなさい。

九月、仲秋の名月の日。ぼくはユウレイボウヤという動物の心臓《しんぞう》を切り出して実験するために、伊豆《いず》半島の下田へ行った。

下田の実験場は、町はずれの山の向こうにある。あいさつだけでもしておこうと車を急がせると、突然《とつぜん》、車輪の下でギシギシという音がして自動車のスピードが落ちた。「なんだ。どうしたんだ。」前を見ておどろいた。①一瞬《いっしゅん》、道路が横へ動いているのじゃないかと思った。右手に山があり、なだらかに低くなって道になっていて、左手はすぐ海である。ちょうど晴れていたので、まん丸い名月が*煌々《こうこう》と光を送り、波が銀色にかがやいていた。そして本当なら、道が白く見えるはずであった。が、道の表面をアカテガニがおおい、黒く見える。アカテガニは右から左へと動いていた。山から海へ、産《さん》卵《らん》に向かっていたのである。

ぼくはすぐ自動車をおりた。今通ってきた所には、車輪のあとがくっきりついている。アカテガニがふみつぶされ、ぺしゃんこにつぶれていた。しかし彼《かれ》らはそんなことを気にも留《と》めていない。仲間の死体をふみこえて、海へ海へとはっていく。産卵といっても、日本*パロロやウミシダと違《ちが》い、受精《じゅせい》はもう済《す》ましている。メスは、陸にいるときオスから精子をもらい、おなかの部分に子供《こども》をたくさん抱《かか》えていた。

出てくるわ、くるわ、その量の多さにぼくはびっくりしてしまった。最も多いのは、山から流れ出す沢《さわ》の周りだ。雨がふったときには水が滝《たき》になって流れる石ころ道を、アカテガニがA押《お》し合い□しあいおりてきていた。あまりに多いので、元気のいいカニは、前のものをふみこえて進んでくる。ぼくは手をのばして、中の一匹《ぴき》をつかまえてみた。簡単《かんたん》だ。たやすくつかまえられる。かつて三浦《みうら》半島の実験所の近くで見たものとはまるで違う。本来なら、アカテガニは、人の近づく姿《すがた》を見ただけでB逃《に》げ□□うはずだ。それなのに、人がいようといまいと、Cお□□いなしで海へと急ぐ。そればかりか、人が手を触《ふ》れたとき、初めてわずかに逃げようと試みるだけだ。ぼくは、②何か強い衝動《しょうどう》にかられて行動しているのだな、としみじみと思った。

海辺へおりてみた。産《う》んだ。産んでいる。岩が重なる海辺へ着いたアカテガニは、足の先をしっかり岩にかけて、水を探《さが》し、中に入って体を固定した。そして満ちてくる潮《しお》の上をわたってくるゆるやかな波がぶつかると、激《はげ》しく体をふった。

三度、四度、……十度。そしてまた五度、六度。まるで痙《けい》攣《れん》でもするかのように、ぶるぶるっ、ぶるぶるっと体をふるわせた。そのたびに、おなかにつめた卵《らん》が、パッと海中に散って引き波にさらわれていった。中には、*潮だまりで産んでいるものがあった。水に体をひたす動作が刺激《しげき》になり、痙攣が訪《おとず》れるのだ。だから、も寄《よ》りの潮だまりで産卵を済ませ、さっさと引き上げていく③ちゃっかりものもいた。

（畑《はた》 正憲《まさのり》「アカテガニの大行進」）

＊煌々…きらきらと光がかがやく様子。
＊日本パロロ…ミミズなどに似《に》たゴカイ科の動物。
＊潮だまり…海水がたまっているところ。

(1) ——線①「一瞬……思った」とありますが、その理由を説明した次の文の〔　〕に入る言葉を、本文中からそれぞれ指定された字数でぬき出しなさい。

・あまりに大量の〔 ㋐ 五字 〕が〔 ㋑ 十五字 〕から。

㋐ □□□□□

㋑ □□□□□□□□□□□□□□□

(2) 〰線A～Cの□に入る一字を答えなさい。ただし、□にはそれぞれひらがな一字が入ります。

A □　B □　C □

(3) ——線②「何か強い衝動」とありますが、それはどんなものだと思われますか。最もふさわしいものを次から選び、記号で答えなさい。

ア 最後まで仲間と一緒に行動したいという強い気持ち。
イ 自分たちが生まれた海へ早くたどり着きたいという強い気持ち。
ウ できるかぎり多く産卵し、子供をたくさん残そうとする強い気持ち。
エ 人間につかまらずに生きのびたいという強い気持ち。

（　　）

(4) ——線③「ちゃっかりもの」とありますが、これについて、あとの問いに答えなさい。

① 「ちゃっかりもの」とは、どのようなアカテガニのことを指していますか。二十字以内で答えなさい。

□□□□□□□□□□□□□□□□□□□□

② 筆者がこれらのアカテガニを「ちゃっかりもの」と記したのは、なぜですか。

（　　）

〈聖ヨゼフ学園中―改〉

時間 30分　合格点 70点　得点 　点

月　日

1 次の文章を読んで、あとの問いに答えなさい。

文字で聞き、文字で話す日本人は、初対面の*西欧人《せいおうじん》の名前も通常は片仮名《かたかな》、なれた人はアルファベットで聞き、話すことになる。①西欧語の音声は片仮名の網目《あみめ》ではなかなかすくいとれないから、見なれない名前は、聞き取りにくく、すぐには覚えられない。ちなみに、覚えるとは記録することではなく、覚《さ》めること、再現《さいげん》することだ。

西欧人から見れば、きっと、日本人はおかしな会話をやっているように見えることだろう。

「これはシアンなのですが…」

「(私案《しあん》・試案を思い浮《う》かべて) シアン？」

「試みの案です」

「(試案を思い浮かべて) ああ、試案ですか。で…？」

会話中にどんな字を書くのか相手にたずねるというのは、考えてみれば、おかしなことである。むろん発声が不明瞭《ふめいりょう》なら西欧でも相手に聞きただすだろう。だが、文字で聞き、文字で話す日本人は、不明な文字を聞きただすことは避《さ》けられない。このような国では、②厳密《げんみつ》には講演《こうえん》は成立しない。意味を正確《せいかく》に解《げ》せぬままあいまいに聞き続けていかねばならぬからだ。

表意文字、表音文字という文字区分法がある。漢字は表意文字、仮名やアルファベットは表音文字。表音文字をさらに仮名のような音節文字とアルファベットのような*音素《おんそ》文字《もじ》に区分することもある。

文字を中心に考えるこの区分はあまり実りがあるようには思えない。なぜなら、日本語は表意文字・漢字と、表音文字・仮名で組み立てられるといったって何も見えてこない。そうではなくて、文字で聞き、文字で話すところの文字中心型の言葉と、音声で聞き、音声で話すところの音声中心型の言葉があり、③前者に中国文字・漢字が深くかかわっているということだ。

つい最近まで、表意文字から表音文字への移行《いこう》が文字の進化として語られた時代があり、ローマ字論者《ろんじゃ》、仮名書き論者がいた。しかし、文字を言葉からとらえ返した時、逆《ぎゃく》の言い方も可能になる。

人類が誕生《たんじょう》した時から、言葉は音声であった。[A]言葉の中核《ちゅうかく》は今も書き言葉ではなく、話し言葉である。西欧語は、文字を獲得《かくとく》した後も音声中心型の構造《こうぞう》を変えていない。[B]西欧語においては、文字の誕生によっても音声中心型は変わらなかった。[C]、中国語や日本語では、文字を獲得してからは、言葉の構造の中に文字が割《わ》りこみ、言葉の中央を占《し》め、文字中心型の言葉へと転じた。文字の獲得という新しい文化段階《だんかい》を抱《かか》え込《こ》んで、音声言語から文字言語への革命《かくめい》があったという意味で、④西欧語よりも進化した言葉ということだって可能《かのう》なのだ。
（石川九楊《いしかわきゅうよう》「書字ノススメ」）

＊西欧…ヨーロッパ。
＊音素文字…一つの字が一つの音素（音の最小の単位）を表す表音文字。

(1) ——線①「西欧語の音声は片仮名の網目ではなかなかすくいとれない」とありますが、このことと同じ状況《じょうきょう》を表しているものとして最も適切《てきせつ》なものを次から選び、記号で答えなさい。（20点）

ア 「ボタン」や「カルタ」は日本語のように見えるが、じつは外国語である。

イ 機械の「マシン」と縫《ぬ》い物に使う「ミシン」は、同じ発音の英語の言葉からできた外来語である。

ウ 日本語で犬の鳴き声は「ワンワン」と発音されるが、英語では「バウワウ」と発音される。

エ 日本人は、外国語を片仮名で表記して日本語に取り込み、まるで最初から日本語だったように使いこなす。

（　　）

(2) ——線②「厳密には講演は成立しない」とありますが、どのようにしたら講演を成立させることができますか。次から選び、記号で答えなさい。（20点）

ア きき手が、講演者の演説原こうを見ながらきく。

イ 講演者が、できるだけゆっくり話す。

ウ きき手が、辞書を引きながらきく。

エ きき手が、講演内容《ないよう》の下調べをしてからきく。

（　　）

(3) ——線③「前者」は、何を指していますか。本文中から五字以上、十字以内でぬき出して答えなさい。（15点）

[　　　　　　　　　　]

(4) A ～ C にあてはまる言葉として最も適切なものを次から選び、記号で答えなさい。（15点・一つ5点）

ア つまり　**イ** または
ウ だから　**エ** ところが

A（　）B（　）C（　）

(5) ——線④「西欧語よりも進化した言葉ということだって可能なのだ」とありますが、中国語や日本語が西欧語より進化しているといえるのはなぜですか。次のように答えるとき、Ⅰ・Ⅱにあてはまる言葉を、本文中からそれぞれ五字以内でぬき出して答えなさい。（30点・一つ15点）

文字が誕生しても Ⅰ 型の言葉であり続けた西欧語に対して、中国語や日本語は文字中心型の言葉へ変化し、音声言語から文字言語への Ⅱ があったと言えるから。

Ⅰ [　　　　　]　Ⅱ [　　　　　]

（白百合学園中―改）

チャレンジテスト⑤

時間	合格点	得点
50分	70点	点

（　月　日）

1 次の文章を読んで、あとの問いに答えなさい。

「上の子供《こども》が中学に行きだしてからは、給食がないので毎日のように弁当《べんとう》を作らなければならなくなった。①その手間も大変であるが、おかずを選ぶのがそれに輪を［A］めんどうである。最近になって、②学校給食のありがたさがよくわかった」とは、ある母親の学校給食に関する率直《そっちょく》な意見である。母親にとって朝の弁当づくりというのは一大作業であり、学校給食は弁当づくりの手間を省いてくれるので、③おおいに助かっていることをはっきりと認《みと》めた発言である。（ア）

学校給食があるから子供の弁当は作らなくてすむ。それならついでに主人の弁当づくりも省略《しょうりゃく》して、職場《しょくば》での給食かあるいは外食で昼食をすませてもらおう、つまり外へ出かけてゆく家族の昼食はすべて社会の側へゆだねてしまおう、と考えるのは自然のなりゆきである。多くの職場では給食が行われ、オフィス街には食べ物屋が軒《のき》を［B］おり、昼食を外食ですませることには何の支障《ししょう》もない。こうして、学校給食の定着が昼食を手づくりの弁当から社会の側が用意する外食へと変化させるきっかけとなったのである。歴史には「もし」はないといわれるが、「もし」学校給食が定着していなかったら、主婦《しゅふ》は毎朝子供の弁当を作らなければならない状況《じょうきょう》にあったはずであり、④現在のような昼食の形はできてこなかったのではなかろうか。（イ）

家庭の側から見ると、昼食は主婦の管理の下から完全に切り離《はな》されてしまい、家族の一人一人がてんでんばらばらに食べているのが現実《げんじつ》の姿《すがた》である。昼食を家庭で食べているのは幼児《ようじ》のいる家庭［C］お年寄《としよ》りの家庭だけになってしまった。それらの家庭でも昼食にはインスタントのめん類や、パンにハムと牛乳《ぎゅうにゅう》といった加工食品がよく食べられており、社会の側への依存度《いぞんど》の高い昼食になっている。（ウ）

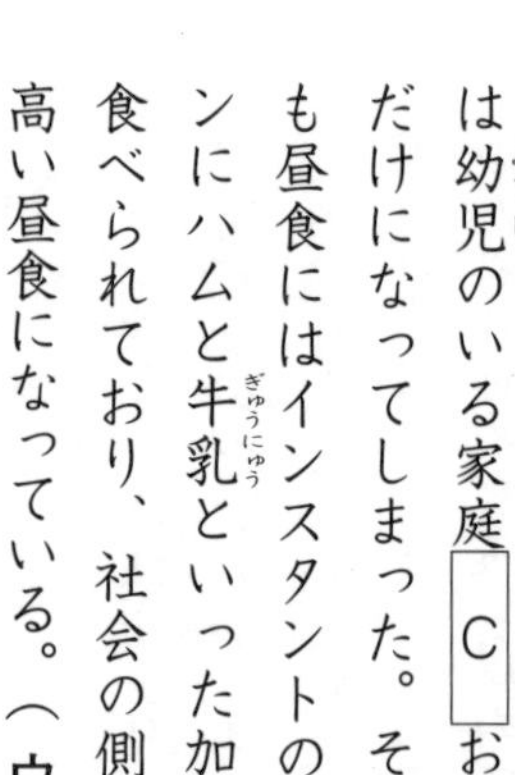

一方、日本人の多くは学校や勤《つと》め先など家庭の外で、給食も含《ふく》めた広い意味での外食で昼食をすませている。［D］、外で食べる昼食の場合は、調理から後片付《あとかたづ》けまで、食べることを除《のぞ》いて食事のプロセスのすべてを社会の側に［E］するわけである。家庭で毎日毎日弁当を作ることを大変と思う意識《いしき》があり、かたや学校給食が存続するかぎり、昼食を社会の側へ頼《たよ》る傾向《けいこう》は強まることはあっても、弱まることはないであろう。（エ）

（酒井伸雄《さかいのぶお》「日本人のひるめし」）

(1) 本文中の[A]・[B]にあてはまる言葉を、ひらがなでAは三字、Bは四字で書きなさい。（10点・一つ5点）

A □□□　B □□□□

(2) ——線①「その手間」が指す内容を本文中の言葉を使って、十五字以内で答えなさい。（5点）

(3) ——線②「学校給食」は、「昼食」にどのようなえいきょうがありましたか。本文中から三十八字でさがし、初めと終わりの五字を答えなさい。（5点）

□□□□□～□□□□□

(4) ——線③「おおいに助かっていること」とありますが、おおいに助かっているという気持ちを、「ある母親」はどんな言葉で表現していますか。本文中から五字でぬき出して答えなさい。（5点）

□□□□□

(5) ——線④「現在のような昼食の形」に合うものを次から二つ選び、記号で答えなさい。（10点・一つ5点）

ア 家庭の側が用意したもの。
イ 社会の側へゆだねられたもの。
ウ 主婦にとって一大作業であるもの。
エ 家族のきずなをそこで確《たし》かめるもの。
オ 家族がそれぞればらばらにとるもの。

（　・　）

(6) 本文中の[C]・[D]にあてはまる言葉を次から選び、記号で答えなさい。（10点・一つ5点）

ア しかし　**イ** つまり
ウ あるいは　**エ** そのうえ

C（　）　D（　）

(7) 本文中の[E]にあてはまる言葉を、本文中から三字以内でぬき出して答えなさい。（5点）

□□□

(8) 次の一文が本文からぬけています。その場所を本文中の（**ア**）～（**エ**）から選び、記号で答えなさい。（5点）

このような考え方が大多数の母親に共通する潜在的《せんざいてき》な意識であることにまちがいはないであろう。

（　）

（フェリス女学院中―改）

2 次の文章を読んで、あとの問いに答えなさい。

街《まち》づくりとか、環境共生《かんきょうきょうせい》という話をすると、隣近所《となりきんじょ》の人とまず仲よくなろう、お互《たが》いを理解《りかい》することから始めなければ街全体は作れない、と思っている人が多いような気がします。それはすごく意味があることだけれども、①あまり精神的《せいしんてき》な部分にとらわれすぎても、かえって何も前に進まない、ということは皆《みな》さんよく経験《けいけん》することだと思います。

それはそれとして、逆《ぎゃく》に、人間関係が全然なくてもできてしまう、と考えたほうが合理的に皆が納得《なっとく》できて、話が前に進む場合があります。別に隣同士が仲が悪かったとしても、勝手《かって》に隣とつながっているようなデザインをすれば、お互いが得をする。それでいいじゃないかという考え方です。

単純《たんじゅん》に自分が得か損《そん》かということだけで、関係を価値《かち》化すると非常《ひじょう》にわかりやすいですし、お互いが得をすれば、その結果、良好な人間関係もあとからついてくるものです。

この章では、他人と関係を作っていくときに役に立つ、合理的な考え方とテクニックをいくつか述《の》べていきたいと思います。

まず、②他人との関係を自分のために活《い》かす。そのための動機を設定《せってい》する必要があります。なぜなら、私《わたし》たちが暮《く》らす現代《げんだい》の*パラダイムの中では、他人と関係を結ぶ必然性《ひつぜんせい》がないからです。

そのために、まず「自分のために、環境を手段《しゅだん》として活用する」という設定をすることが、最も有効《ゆうこう》な他人との関係づくりの動機づけになると思います。

要するに③自分の状況《じょうきょう》を環境としてちゃんと使いこなし、それをきちんと位置づけて、何らかのデザインを加えてやる、ということです。

ここで重要なのが、エゴ×エコという考え方です。エゴというのは「自分のために」ということですが、それが、「エコ」［A］「環境のために」つながる、ということです。

いまの時代、ヒートアイランド現象とか、熱帯雨林の問題や砂漠《さばく》化の拡大《かくだい》とか、CO_2排出量《はいしゅつりょう》の規制《きせい》とか、環境問題は社会的な議論《ぎろん》になってきていて、当たり前のように毎日耳にします。そういう話を聞けば、「それは重要な問題だな」と誰《だれ》もが感じるわけです。

［B］、「その話と自分の生活はつながってない」わけです。その話を聞いたときに、「では、明日から自分の生活をこうしよう」という人はほとんどいないわけです。④まったく他人事として、環境問題やエコロジーという言葉は語られています。

それが「自分の状況として」環境を位置づければ、それに対して手を加えれば確実《かくじつ》に自分の生活のレベルを上げられる、ということが明確だったら、それに対してお金を払《はら》うわけですね。

ちなみに、私が手がけたあるコーポラティブ住宅《じゅうたく》では、十五家族がお金を出し合って、百八十万円という金額《きんがく》を払って、樹齢《じゅれい》二百五十年の欅《けやき》の木を移植《いしょく》させ、それを自分たちの環境の装置《そうち》にしました。

（甲斐徹郎《かいてつろう》「自分のためのエコロジー」）

*パラダイム…基本的なものの見方や考え方。

(1) ——線①「あまり精神的な部分に……何も前に進まない」とありますが、「前に進」むためにはどのようなことを基準《きじゅん》にする必要があると筆者は言っていますか。次から選び、記号で答えなさい。(5点)

ア 隣近所の人と仲がよいかどうかということ。
イ 他人との関係を第一に考えること。
ウ お互いが得をするかどうかということ。
エ 皆が納得できる話をすること。

（　　）

(2) ——線②「他人との関係を自分のために活かす」には、どのようなことが有効だと筆者は考えていますか。「……こと。」につながるように、十九字でぬき出して答えなさい。(10点)

□□□□□□□□□□□□□□□□□□□こと。

(3) ——線③「自分の状況を環境として……デザインを加えてやる」とありますが、このことの具体例として筆者があげていることを一文でさがし、初めの五字をぬき出して答えなさい。(10点)

□□□□□

(4) 本文中の[A]・[B]にあてはまる言葉を次から選び、記号で答えなさい。(10点・一つ5点)

ア だから　**イ** たとえば
ウ つまり　**エ** しかし

A（　　）B（　　）

(5) ——線④「まったく他人事として、環境問題やエコロジーという言葉は語られています」とありますが、それはなぜですか。「……と考えるから。」につながるように、本文中から十七字でぬき出して答えなさい。(10点)

□□□□□□□□□□□□□□□□□と考えるから。

〈京華中—改〉

18 論説文《ろんせつぶん》を読む（読み取りの基本）①

（　月　日）

学習内容とねらい

論説文は、筆者の考えを、証拠《しょうこ》や理由をあげて説明している文章です。筆者の考えを述べた部分と、具体例や体験などを述べた部分を読み分けましょう。

標準クラス

1 次の文章を読んで、あとの問いに答えなさい。

「スロー・リーディング」とは、一冊《いっさつ》の本にできるだけ時間をかけ、ゆっくりと読むことである。鑑賞《かんしょう》の手間を惜《お》しまず、その手間にこそ、読書の楽しみを見出す。そうした本の読み方だと、ひとまずは了解《りょうかい》してもらいたい。スロー・リーディングをする読者を、私たちは、「スロー・リーダー」と呼《よ》ぶことにしよう。

一冊の本を、価値《かち》あるものにするかどうかは、読み方次第である。たとえば、海外で見知らぬ土地を訪《おとず》れることをイメージしてみよう。出張《しゅっちょう》で訪れた町を、空《あ》き時間のほんの一、二時間でザッと見て回るのと、一週間滞在《たいざい》して、地図を片手《かたて》に、丹念《たんねん》に歩いて回るのとでは、同じ場所に行ったといっても、その理解《りかい》の深さや印象の強さ、得られた知識《ちしき》の量には、大きな違《ちが》いがあるだろう。旅行は、行ったという事実に意味があるのではない。（よくそれを自慢《じまん》する人もいるが）。行って、どれくらいその土地の魅力《みりょく》を＊堪能《たんのう》できたかに意味がある。

①読書もまた同じである。ある本を速読して、つまらなかった、という感想を抱《いだ》くのは、忙《せわ》しない旅行者と同じかもしれない。じっくり時間をかけて滞在した人が、「えっ、あそこにすごくおいしいレストランがあったのに！　行かなかったの？　あそこの景色は？　えっ、ちゃんと見てないの？」と驚《おどろ》き、＊不憫《ふびん》に感じるのと同じで、スロー・リーダーが楽しむことのできた本の中の意味深い一節、絶妙《ぜつみょう》な表現《ひょうげん》などを、みんな見落としてしまっている可能性《かのうせい》がある。速読のあとに残るのは、単に［A］だけだ。スロー・リーディングとは、②それゆえ、得をする読書、③損をしないための読書と言い換《か》えてもいいかもしれない。

丁寧《ていねい》に本を読むという意味では、昔から、「［B］」、「［C］」といった言葉があるが、スロー・リーディングは、そうした読書態度《たいど》を包括《ほうかつ》するものとして理解してもらえればよいだろう。その方法の一つとして、たとえば本書では、④書き手の視点《してん》で読む、書き手になったつもりで読む、という読み方を紹介《しょうかい》している。

私がこの読書法をおすすめしたいのは、私自身が、作家になる前となった後とでは、本の読み方が変わってきたこと、それによって本に対する理解が深まったことを実感しているからである。中学、高校時代に、単に一読者として小説を読んでいた頃《ころ》には気がつかなかった様々な仕掛《しか》けや工夫に注意を払《はら》うようになってから、私は改めて、読書は面白《おもしろ》いと感じるようになった。そして、私だけではなく、実は作家の多くは、他人の本を読むときにも、やはり書き手の視点で読む、という作業を行っているのである。

（平野啓一郎《ひらのけいいちろう》「本の読み方　スロー・リーディングの実践《じっせん》」）

＊堪能…十分に満ち足りること。
＊不憫…かわいそうなこと。あわれむべき様子。

(1) ——線①「読書もまた同じである」とありますが、何と同じだというのですか。本文中から十五字でぬき出して答えなさい。

(2) 本文中の A にあてはめるのに適当《てきとう》な語句《ごく》を、これより前の本文を参考にして、五字以上、十字以内で書きなさい。

(3) ——線②「それゆえ」と同じように使うことのできる言葉を次から選び、記号で答えなさい。

ア だから　　イ あるいは
ウ つまり　　エ いかに

（　　）

(4) ——線③「損」とありますが、筆者がここで考えている「損」とは、どのようなことですか。本文中の言葉を使って、三十字以上、四十字以内で書きなさい。

(5) 本文中の B ・ C にあてはまる二字の熟語《じゅくご》はいくつか考えられますが、その中の一つを答えなさい。

(6) ——線④「書き手の視点で読む、書き手になったつもりで読む、という読み方」の利点を説明した次の文の ㋐ ・ ㋑ にあてはまる語句を、㋐は九字、㋑は六字で本文中からぬき出して答えなさい。

書き手の用意した ㋐ に気づくようになり、㋑ と思えるようになること。

㋐

㋑

〈江戸川女子中―改〉

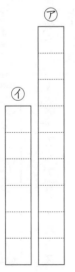

時間 30分　合格点 70点　得点　点　（　月　日）

1 次の文章を読んで、あとの問いに答えなさい。

ペンギンは、氷雪の上に棲《す》んでいる。地上には餌《えさ》になるようなものはない。海に飛び込《こ》んで魚などの餌を捕《と》らなければ、飢《う》え死にしてしまう。

しかし、海の中にはオットセイ、トド、シャチなど、ペンギンを捕らえて食べてしまう恐《おそ》ろしい敵《てき》も潜《ひそ》んでいる。海に飛び込んで餌を捕りたいのはやまやまだが、食われてしまうことも恐ろしい。できれば、他のペンギンが海に飛び込んで、安全だということが確認《かくにん》できてから、自分は飛び込みたい。まるで先に飛び込む順番を譲《ゆず》り合っているようなペンギンのかわいらしい仕草の背後《はいご》には、①このようなかわいらしさにはほど遠い理屈《りくつ》があるのである。

しかし、何時《いつ》までも飛び込まずにためらっているわけにもいかない。いつかは危険《きけん》を冒《おか》してでも海の中に飛び込まなければ、餌を捕れずに死んでしまう。餌が捕れるか、それとも食われてしまうのか、避《さ》けることのできない不確実性の下で、いつかは決断《けつだん》を下し、飛び込む――海の中に真っ先に飛び込む「最初のペンギン」がいるからこそ、群《む》れ全体にとっての事態《じたい》が切り開かれるのである。

英語圏《えいごけん》では「最初のペンギン」と言えば、勇気をもって新しいことにチャレンジする人のことを指す。そのような概念《がいねん》、それを表現《ひょうげん》する言葉があるということは、それだけ、不確実な状況《じょうきょう》下《か》で勇気をもって決断する人が賞賛《しょうさん》される文化があることを示《しめ》している。

未来が見渡《みわた》せないままに不確実性の海に飛び込むというのは、創造性《そうぞうせい》の発揮《はっき》において、人間がまさに行なっていることである。創造的な人間は、②不確実な状況下で海に飛び込むという「決断」を下すペンギンと、生物の進化の歴史を通してつながっている。不確実性に直面し、それを乗り越《こ》えるための脳《のう》の感情のシステムの働きを通してつながっているのである。

不確実な状況下で判断《はんだん》を下す時、私たちはある決まったルールや方程式《ほうていしき》に従《したが》っているわけではない。不確実な状況下における私たちの直観を支《ささ》えているのは、私たちの感じる様々な感情のニュアンスである。一見とらえどころがないように見え、どんな方程式でも、どんなルールでも書くことのできないように思える感情こそが、不確実な状況の下での私たちの直観を支えているのである。

――中略《ちゅうりゃく》――

今日の昼食を何にするかというような小さな問題から、人生を左右するような大きな問題まで、私たちが人生で直面する殆《ほと》どの問題は、確実な答えがわからない不確実なものである。そのような場面で確実な答えだけを求めていたら、かえって判断を誤《あやま》る。［A］確実なことがわからなくても、自分の直観を信じて行動することで道は開ける。［B］、その結果、失敗したり、痛《いた》い思いをするかもしれない。［C］、それはこの世界に生きている以上仕方がないことである。人間だけでなく、生物は皆《みな》不確実な世界の中で生きている。不確実さをいたずらに避けたり、③確実な正解があるはずだと思いこむことの方が、よほど危険である。肉食獣《にくしょくじゅう》が闊歩《かっぽ》しているからといって、何時までも洞《ほら》穴《あな》に隠《かく》れていては飢え死にしてしまう。

（茂木健一郎《もぎけんいちろう》「脳《のう》と創造性《そうぞうせい》『この私』というクオリアへ」）

(1) ——線①「このようなかわいらしさにはほど遠い理屈がある」とありますが、なぜ「かわいらしさにはほど遠い」のですか。その理由として最も適切《てきせつ》なものを次から選び、記号で答えなさい。(20点)

ア ペンギンのかわいらしい仕草は、生きのびるために無《む》邪気《じゃき》さをよそおったものであったから。

イ 譲り合っているように見えるペンギンの行動は、自分を危険から遠ざけるためのものだから。

ウ ペンギンには群れを危険から守るため、最も強いペンギンを見つけ出そうとする習性があるから。

エ 水族館のペンギンと違《ちが》って、氷雪の上に棲むペンギンにとっては餌を捕ることが何よりも大切だから。

（　　）

(2) ——線②「不確実な状況下で海に飛び込む」とありますが、人間においてはどのようにすることですか。これより後の本文中から十五字でぬき出して答えなさい。(25点)

(3) 本文中の［A］〜［C］にあてはまる言葉を次から選び、記号で答えなさい。(30点・一つ10点)

ア しかし　イ たとえ

ウ だから　エ もちろん

A（　　）B（　　）C（　　）

(4) ——線③「確実な正解があるはずだと思いこむことの方が、よほど危険である」とありますが、それはなぜですか。その理由として最も適切なものを次から選び、記号で答えなさい。(25点)

ア 「確実な正解」を「ルールや方程式」をたよりに求めても、絶望感《ぜつぼうかん》にとらわれるだけだから。

イ 「確実な正解」を導くには「勇気と決断」が必要だが、そこでは意見の対立はまぬがれないから。

ウ 「確実な正解」をさがしてばかりいては、生きるために必要な行動にいつまでも移《うつ》れないから。

エ 「確実な正解」を求め続けていると、多くの失敗や痛い思いばかりを重ねることになるから。

（　　）

（成城中—改）

19 論説文《ろんせつぶん》を読む ②（主張《しゅちょう》を読み取る）

（　月　日）

学習内容とねらい

筆者の主張を読み取るには、まず筆者が何を問題にしているかをとらえ、それに対してどのような結論《けつろん》を出しているかに、よく注意するようにしましょう。

標準クラス

1 次の文章を読んで、あとの問いに答えなさい。

現実《げんじつ》に起こっているのは、具体的問題である。これはひとつひとつ特殊《とくしゅ》な形をしているから、分類がむずかしい。これをパターンにして、一般化《いっぱんか》、記号化したのが①ことわざである。Aというサラリーマンの腰《こし》が落ちつかず、つぎつぎ勤《つと》めを変えている。これだけでは、サラリーマン一般、さらには、人間というものにそういう習性《しゅうせい》があって、その害が古くから認《みと》められていることに思い至《いた》るのは無理だろう。

②これに〝ころがる石はコケをつけない〟*というパターンをかぶせると、サラリーマンAも人間の習性によって行動していることがわかる。別に珍《めずら》しくもない、となる。

具体例を抽象化《ちゅうしょうか》し、さらに、これを定型化したのが、ことわざの世界である。庶民《しょみん》の知恵《ちえ》である。古くからどこの国においても、おびただしい数のことわざがあるのは、文字を用いない時代から、人間の思考の整理法は進んでいたことを物語る。

個人《こじん》の考えをまとめ、整理するに当たっても、人類が歴史の上で行ってきた、ことわざの創出《そうしゅつ》が参考になる。③個々の経験《けいけん》、考えたことをそのままの形で記録、保存《ほぞん》しようとすれば、わずらわしさにたえられない。片端《かたはし》から消えてしまい、後に残らない。

一般化して、なるべく普遍性《ふへんせい》の高い形にまとめておくと、同類のものが、あとあとその形と照らし合わせ、その形式を強化してくれる。つまり、自分だけの〝ことわざ〟のようなものをこしらえて、それによって自己の経験と知見、思考を統率《とうそつ》させるのである。そうして生まれる〝ことわざ〟が相互《そうご》に関連性をもつとき、その人の思考は［　　］をつくる方向に進む。

そのためには、関心、興味《きょうみ》の核《かく》をはっきりさせる。その核に集まる具体的事象、経験を一般的命題へ高め、自分だけのことわざの世界をつくりあげる。このようにすれば、本を読まない人間でも、思考の体系《たいけい》をつくり上げることは充分《じゅうぶん》に可《か》能《のう》である。

（外山滋比古《とやましげひこ》「思考の整理学」）

＊ころがる石はコケをつけない…「転石苔《てんせきこけ》を生ぜず」ということわざを、筆者がやさしい言葉で言いかえた表現で、「転職《てんしょく》などをくりかえす人は財《ざい》産《さん》を得られない。」という意味。

(1) ――線①「ことわざ」とありますが、筆者はことわざについてどのように考えていますか。最も適切《てきせつ》なものを次から選び、記号で答えなさい。

ア ことわざは、現実に起こっている事象を情報《じょうほう》として整理し、普遍化したもので、現実の理解《りかい》・判断《はんだん》の基準《きじゅん》として大いに役立つ。

イ ことわざは、具体的な事例を分類・整理し、人間の思考を高度に体系化したものだが、それにたよりすぎるのはよくないことである。

ウ ことわざは、読書をしない人でも、複雑《ふくざつ》な人類の歴史を深く知ることやそれぞれの人間の関心・興味を導《みちび》き出すことを可能にする。

エ ことわざは、転職するサラリーマンの行動などを、人間の習性によって行動するものとして、その存在を肯《こう》定的《ていてき》に認めることを可能にする。

（　　）

(2) ――線②「これ」が指す内容として最も適切なものを次から選び、記号で答えなさい。

ア 現実に起こっているのは、具体的問題であること。

イ つぎつぎ勤めを変えることには、害があること。

ウ Aというサラリーマンが、つぎつぎ勤めを変えていること。

エ 具体的問題をパターンにして、一般化、記号化したのがことわざであること。

（　　）

(3) ――線③「個々の経験、考えたことをそのままの形で記録、保存しようとすれば、わずらわしさにたえられない」とありますが、なぜですか。その理由を筆者の主張《しゅちょう》にそって次のようにまとめるとき、□にあてはまる語句《ごく》を本文中から十五字でぬき出して答えなさい。

個々の具体的な経験や考えたことは、□ために、分類がむずかしいから。

(4) 本文中の□にあてはまる言葉を、本文中から二字でぬき出して答えなさい。

(5) 筆者の主張をまとめたものとして最も適切なものを次から選び、記号で答えなさい。

ア 多くの本を読み、さらに古いことわざを知ることで、思考を体系化することができる。

イ 古くから伝わる多くのことわざを知り、それをさらに一般化することで思考を整理することができる。

ウ 思考の体系をつくるためには、古くからあることわざから人間の習性を学ぶことが大切である。

エ 思考の体系をつくるためには、自分の個々の経験や考えを一般化することが必要である。

（　　）

〈春日部共栄中―改〉

ハイクラス

時間	合格点	得点
30分	70点	点

（　月　日）

1 次の文章を読んで、あとの問いに答えなさい。

私《わたし》たちは、①時間はすべての人に共通していて、客観的に存在《そんざい》していると思っています。だって、人ごとに時間が違《ちが》っていたら、学校の時間や待ち合わせ時間が決められないし、電車や新幹線《しんかんせん》の時刻表《じこくひょう》も意味がなくなってしまうでしょう。でも、本当にそうなのか、と疑《うたが》った人がいました。有名なアインシュタインです。アインシュタインは、時間が規則的《きそくてき》に流れていることは疑わなかったのですが、みんなが同じ時間を共有しているのだろうかと考えたのです。

そのために私たちがどのようにして時間を合わせているかをじっくり考え、人が運動していると時間が流れる速さが異《こと》なっているということを発見しました。時間が伸《の》び縮《ちぢ》みしていて、人ごとに違った速さで動く時計を持っているのです。［A］、その差はとても小さいので普段《ふだん》の私たちが気づくことはないのですが、動く速さが光の速さに近づくとその差が大きくなることを予言し、実験で確《たし》かめることに成功しました。また、ハツカネズミは一日中せかせかと走り回り、ハチは一秒間で三〇〇回も羽ばたきます。私たち人間は、あんなに素早《すばや》く行動できません。［B］、ゾウやウシはゆっくり歩き悠然《ゆうぜん》と食べ物を食べています。見ていて、なんだかまどろっこしい感じがしますね。人間に比《くら》べて、ハツカネズミやハチの時間は速く流れ、ゾウやウシの時間はゆっくり流れているかのようです。実際《じっさい》、一秒間あたりに打つ心臓《しんぞう》の鼓動《こどう》の数を調べてみると、ハツカネズミやハチの鼓動の数は多く、ゾウやウシは少ないことがわかりました。すると、動物ごとに時間の流れる速さが違い、それぞれ違った時間感覚で生きているのかもしれません。

一方、宇宙《うちゅう》は一三七億歳《さい》だとか、地球は四六億歳だということを耳にします。［C］、生命は、三八億年前に生まれ、恐竜《きょうりゅう》は六五〇〇万年前に絶滅《ぜつめつ》した、という話も知っていると思います。私たちの人生はたかだか一〇〇年ですから、億年や万年という長い時間を聞いても②ピンときません。［D］、そんな長い時間をどうして測《はか》ったのか、なぜ信用できるのか、疑問《ぎもん》に思ってしまいます。私たちの普通《ふつう》の時間感覚とずれているからです。時間というものには、日常《にちじょう》の中で感じ取る時間と③歴史的に積み上げられた時間があると思われます。億年という時間は長すぎて感じ取るというわけにはゆきませんが、順々に証拠《しょうこ》を示《しめ》されると長い時間が経過《けいか》したことがわかります。人間は、時間を客観的に捉《とら》えることもできるのです。人間以外の動物は今という時間だけを生きているように見えますが、人間は過去に流れた時間を復元《ふくげん》することができる唯一《ゆいいつ》の動物ということができるでしょう。

（池内《いけうち》　了《さとる》「時間とは何か」）

(1) ——線①「時間はすべての人に共通」とありますが、そのことを疑問に思った結果、どのようなことがわかったのでしょうか。本文中から三十字以内でさがし、初めと終わりの五字を答えなさい。(15点)

□□□□□ ～ □□□□□

(2) 本文中の[A]～[D]にあてはまる言葉を次から選び、記号で答えなさい。(20点・一つ5点)

ア ましてや　**イ** また
ウ もっとも　**エ** ところが

A(　) B(　) C(　) D(　)

(3) ——線②「ピンときません」とありますが、なぜですか。その理由を次のように説明する場合、[　]にあてはまる言葉を本文中から十七字でさがし、初めと終わりの五字を答えなさい。(15点)

億年や万年という長い時間は、[　]から。

□□□□□ ～ □□□□□

(4) ——線③「歴史的に積み上げられた時間」とは、どういう時間のことですか。本文中の言葉を使って、四十字以内で答えなさい。(15点)

(5) 本文を内容の上で三段落に分ける場合、第二段落と第三段落は、どこから始まりますか。それぞれ初めの五字を答えなさい。(15点)

第二 □□□□□

第三 □□□□□

(6) 筆者の主張《しゅちょう》に合うものを、次から二つ選び、記号で答えなさい。(20点・一つ10点)

ア アインシュタインは、人と動物の時間感覚に差があることを発見した。

イ 動く速さの差が大きくなると、時間の流れる速さの差も大きくなることは確認《かくにん》できる。

ウ 日常経験することのない、億年や万年という長い時間は、私たちには理解《りかい》できない。

エ 他の動物とちがって、人間だけが自分の生まれる以前に流れた時間を復元することができる。

オ 人間は時間を客観的にとらえることはできるが、日常の中で時間を感じ取ることはできない。

(　・　)

〈関東学院中―改〉

20 論説文《ろんせつぶん》を読む ③

（主張《しゅちょう》の根拠《こんきょ》を読み取る）

〔　月　日〕

学習内容とねらい

筆者の主張の根拠となっている考えや事実、具体例を読み取りましょう。「このように主張されるのはなぜか」と考えたとき、その答えとなる部分が根拠です。

標準クラス

1 次の文章を読んで、あとの問いに答えなさい。

家が閉《と》ざされてきて、学校も閉ざされてきて、どこもかしこも狭苦《せまくる》しくなっています。小学校などで「いじめ」が起こる理由の一つはその狭苦しさでしょう。学校の教室がパブ*リックな空間ではなく、空気がどろりと澱《よど》んだ、濃密《のうみつ》にプライヴェートな空間になっている。子どもたちも教師《きょうし》たちも、自分の家にいるときと同じような、①ずるっとしたしゃべり方をし、私生活《しせいかつ》と同じようなマナーでふるまっている。公私のふるまい方を切り替《か》えるということのたいせつさをもう誰《だれ》も教えない。その方が「風通しがよくなる」ということを誰もアナウンスしない。

——中略《ちゅうりゃく》——

要するに、ぼくが言いたいのは、②家を開放的なシステムにしないとまずいよ、ということに尽《つ》きるのです。身内だけで固まった場所が現《げん》に暴力《ぼうりょく》と狂気《きょうき》の温床《おんしょう》になっているということ、メンバーたちの心と身体を傷《きず》つける場になっているということ、この事実はもっともっとアナウンスされるべきだと思います。③多くの家庭はもうすでにその成員*を「癒《いや》す」場であるよりむしろ「損《そこ》なう場」になっているとぼくは思います。むしろ、今の子どもたちにとっての急務《きゅうむ》は、いかにして家庭という危険《きけん》な場所を無傷で逃《のが》れ去るかということだと言っても過言《かごん》ではないでしょう。

家庭を生き延《の》びるための戦略《せんりゃく》は、とにかく家庭では「素《す》」に戻《もど》らないということです。親は「親らしく」ふるまい、子どもは「子どもらしく」演技的《えんぎてき》にふるまう。お互《たが》いの内面をさらけ出し合うというような「はしたない」ことは家庭の中では自制《じせい》する。そういう節度のあるふるまい方を家族とともにあるときも保《たも》つことです。

［　　］、と怒《おこ》る人がいるかも知れません。でも、そういう人は「親しみ」ということと「馴《な》れ合い」ということを混同《こんどう》しているのではありませんか。ほんとうの親しみというのは敬《けい》意《い》のないところには成立しません。

④温かく親しみのある家庭というのは、みんながエゴ*を剥《む》き出しにし、本音を遠慮《えんりょ》なくさらけ出し合うような家庭のことではありません。そうではなくて、一人一人が欲望《よくぼう》を自制し、内面を隠《かく》し、期待されている家庭内の役割《やくわり》をきちんとこなし、そうすることでほかのメンバーの「家庭以外の場所・家族以外の人間関係」における活動を支援《しえん》する集団、それがただしく「癒し」の場であるような家庭だとぼくは思います。

（内田樹《うちだたつる》「疲《つか》れすぎて眠《ねむ》れぬ夜のために」）

＊パブリックな…公的な。
＊成員…集団を形作る一人一人の人員。メンバー。
＊エゴ…自我《じが》。ここでは、自分勝手であること。

(1) ——線①「ずるっとしたしゃべり方」とは、どのようなしゃべり方のことですか。次から選び、記号で答えなさい。

ア 自分の考えが正しいと思いこみ、周囲の意見に耳を貸《か》さずに見下すようなしゃべり方。
イ 表現力が足りないために意味がわかりづらい上に、言葉づかいも乱暴《らんぼう》なしゃべり方。
ウ 自分の考えをはっきりと示《しめ》さず、周囲の様子をうかがってばかりいるあいまいなしゃべり方。
エ 社会的な場所にいるという自覚がなく、周囲の人に対する配慮や緊張感《きんちょうかん》に欠けたしゃべり方。

（　　）

(2) ——線②「家を開放的なシステムにしないとまずいよ」と筆者が主張するのは、なぜですか。その理由を次のように説明する場合、□にあてはまる言葉を本文中から八字でぬき出して答えなさい。

閉ざされた家は、□になり、その家庭のメンバーを傷つけてしまうという事実があるから。

(3) ——線③「多くの家庭はもうすでにその成員を『癒す』場であるよりむしろ『損なう場』になっている」とありますが、では「癒す場」としての家庭とはどのような場所のことだと筆者は考えていますか。その答えを含む一文の初めの五字を答えなさい。

(4) 本文中の□にあてはまるものとして最も適切《てきせつ》なものを次から選び、記号で答えなさい。

ア そんな白々しいのは家庭じゃない
イ 家庭での「馴れ合い」を悪く言うべきじゃない
ウ 家庭内の事情《じじょう》に他人が口出しすべきじゃない
エ すべての家庭に当てはまる話じゃない

（　　）

(5) ——線④「温かく親しみのある家庭……家庭のことではありません」とありますが、筆者がこのように主張する根拠となっているのは、どのような考えですか。その理由を次のように説明する場合、□にあてはまる言葉を、「敬意」という言葉を使って三十字以内で答えなさい。

□という考え。

（浅野中―改）

ハイクラス

時間 30分
合格点 70点
得点 点
（ 月 日）

1 次の文章を読んで、あとの問いに答えなさい。

小説は言葉を使ってこの世界に似《に》たイメージを作る表現《ひょうげん》形式である。世界はそれ自身では主張《しゅちょう》を持たないから、ぼくたちは小説を「自由」に解釈《かいしゃく》できる。それが、小説を読む楽しみだ。[A]、評論《ひょうろん》はそうではない。古典的名著《めいちょ》ともなれば評論でもさまざまな解釈が競われることがあるが、ふつうは評論の主張ははっきりしている。「自由」に解釈すれば「誤読《ごどく》」となることが多い。

[B]、ぼくたちは①なぜ評論を読むのかと言えば、それは自分の知らないことやわからないことを、知りたいしわかりたいからだ。それが②知的な虚栄心《きょえいしん》というもので、これがなくなったら精神的《せいしんてき》な「老人」である。精神的な「若者《わかもの》」は、友人が本を読んだと聞けば、たとえ自分が読んでない本であっても「読んだよ」と答えるものだ。そして、あわてふためいて本屋さんか図書館に行って、わかってもわからなくても一晩《ひとばん》でそれを読んで、翌日《よくじつ》には涼《すず》しい顔をして「そう言えば、あれはたいした本じゃないね」なんて言ってみるものだ。そんなふうにして、ぼくたちは教養を身につける。

ぼくは「教養」という言葉を二つの意味でとらえている。一つは知識《ちしき》の量で、これは多ければ多いほどいい。しかし、これは少し古風な教養のとらえ方である。現代ではあまりに多くの情報《じょうほう》があふれているからとても追《お》いつけない。その上に過去《かこ》のことまで知っていなければならないとしたら大変だ。もちろんそのための努力は大切だが、限《かぎ》りがある。そこで二つめの教養の意味が必要だと考えている。それは、物事を考えるための座標軸《ざひょうじく》をできるだけたくさん持つことだ。「たくさん」とは言っても、ぼくたちの③思考方法にはその時代ごとに流行があるから、これは無限《むげん》というわけではない。ぼくは、その時代に必要な思考方法を身につけることを④第二の教養、そして現代の教養と呼《よ》んでおきたい。この現代の教養を身につけるために評論を読むのである。

ふつう「評論は、筆者のいいたいことを読解すればいい」と考えている人が多いと思うが、実は評論を読むにもコツがある。ただし、これは「評論早わかり」という類《たぐい》のものではない。具体的には、評論にも「内包された読者」の位置が用意されているということなのである。ごく簡単《かんたん》に身も蓋《ふた》もない言い方をすれば、「[C]はこう思っているだろうが、ぼくはこう思う」と書くのが評論である。実際《じっさい》、たったいま書いたぼくの文章がそうなっているではないか。

この「ふつう」の位置が「内包された読者」の位置だ。そう、ちょっと「おばかさん」を演《えん》じるのが、⑤評論を読むコツなのである。そうすると「へぇ、そうだったのか！」という具合に評論が面白《おもしろ》く読める（こともある）。

（石原千秋《いしはらちあき》「未来形の読書術《どくしょじゅつ》」）

(1) 本文中の A ・ B にあてはまる言葉を次から選び、記号で答えなさい。(20点・一つ10点)

ア だから　イ ところが

ウ つまり　エ では

A(　　) B(　　)

(2) ――線①「なぜ評論を読むのか」という問いに対して出した筆者の答えとして最も適切《てきせつ》なものを次から選び、記号で答えなさい。(15点)

ア 世界を自由に解釈するため。

イ 全てにおいて友人に負けないようにするため。

ウ できるだけ多くの量の知識を身につけるため。

エ 現代に必要な思考方法を身につけるため。

(　　)

(3) ――線②「知的な虚栄心」とありますが、この知的な虚栄心から生じる行動を具体的に述《の》べている連続した二文を本文中からさがし、初めと終わりの七字を答えなさい。(10点)

□□□□□□□ ～ □□□□□□□

(4) ――線③「思考方法」と同じ意味で用いられている言葉を本文中から十二字でぬき出して答えなさい。(10点)

□□□□□□□□□□□□

(5) ――線④「第二の教養」とありますが、筆者が「古風な教養」だけではなく、この「第二の教養」を主張するのは、どのような根拠《こんきょ》にもとづいていますか。その根拠について説明している連続した三文を本文中からさがし、初めと終わりの三字を答えなさい。(15点)

□□□ ～ □□□

(6) 本文中の C にあてはまる言葉を本文中から三字でぬき出して答えなさい。(15点)

□□□

(7) ――線⑤「評論を読むコツ」とありますが、筆者の考える「評論を読むコツ」とは、どのようなことですか。次から選び、記号で答えなさい。(15点)

ア 古風な教養と現代の教養の二つを、どちらも身につけること。

イ 「評論は、筆者の言いたいことを読解できればよい」と考えること。

ウ 評論の筆者が「ふつうはこう思っているだろう」と考える「ふつう」の位置に身を置くこと。

エ 評論の筆者が「ぼくはこう思う」と書く内容《ないよう》を素直《すなお》に受け入れること。

(　　)

〔早稲田中―改〕

チャレンジテスト⑥

時間 50分　合格点 70点　得点 点　月 日

1 次の文章を読んで、あとの問いに答えなさい。

子供《こども》時代の私《わたし》の剣道《けんどう》の先生は、剣道をする者であることを選べと教えた。そうすれば、剣道をしない者一般《いっぱん》に対する責任《せきにん》が生じる。それを黙《だま》って負えと教えた。この道徳《どうとく》教育はなかなか巧妙《こうみょう》である。選べと命令しながら、選んだのは、お前の自由意志《いし》からだと言っている。自由に選んだと言いながら、そこから生じる責任を負えと命令している。命令、自由、責任が切り離《はな》せない鎖《くさり》になって、道徳の論理《ろんり》を成り立たせている。だが、①この論理の連鎖《れんさ》は、それを連鎖させ、作動させる元の力がなかったら、ひとつの奇怪《きかい》な説教でしかないだろう。

命令された選択《せんたく》が、自由意志と同じになり、自由意志による行動が、他人に責任を負うことと同じになるためには、何が必要か。まず、その命令が、自分による自分への命令であることが必要だ。先生は子供に選べと命令するのではない、選ぶことを［A］に命令せよと［B］する。すると子供は、自分に命令するようになる。なぜか。倫理《りんり》（人のふみおこなうべき道）の根本問題は、どうもこの辺に在《あ》るようである。

自分に命令する、ということが人間にはできる。私たちは、どんな時でももう一人の自分に付きまとわれ、この自分を説得しないことにはどうにもならない。不機嫌《ふきげん》の嵐《あらし》に見舞《みま》われる。説得は、［C］社会のなかの他人に向かってのように為《な》される。私たちの心は、自分自身のこの社会性から逃《のが》れて生きることができない。この時、説得するのではなく、命令する、というもうひとつの態度《たいど》が人間には可能《かのう》である。

それは、どんな命令か。人を殺せ、物を盗《ぬす》め、自分だけが得をしろ、という命令か。そうだとしてみよう。そういう命令が可能だとしてみよう。人は、その命令に従《したが》った自分について、また何か彼《か》やともう一人の自分に言い聞かせるはめになる。そうすれば、人は自由ではなくなるだろう。 自由意志に従っているとは言えなくなるだろう。言い聞かせるはめになるのは、良心があるからか？　そう考えてもよいが、事実はもっとはっきりしたことだ。言い聞かせる相手が、そのもう一人の自分が、殺される他人、盗まれる他人、騙《だま》される他人になって、こちらを見返してくるからである。それが、社会を裏切《うらぎ》るということだろう。②社会は、私たちの外側と内側にある。内側と思ったものは外にあり、外側と思ったものは内にある。

自分への命令が、完全に自由意志によって為されうるためには、その命令は社会を裏切るものであってはならない。裏切るどころか、それへの責任を新たに生まれさせるような命令でなくてはならない。この命令は、社会のなかの他人に命令するような具合に為されるだろうか。そんなことはない。[D]この時、人はもう一人の自分に対して機嫌を取る必要が少しもないから。命令は、まさにほかでもない自分自身に対して、どんな言い訳《わけ》もなしに為される。自分というものの二重性は、ここでは分裂《ぶんれつ》を起こさない。命令を実行する行動の充実《じゅうじつ》のなかで統一《とういつ》される。それが、③自由ということだ。

（前田英樹《まえだひでき》「倫理という力」）

(1) ――線①「この論理の連鎖」とありますが、これがどのような連鎖であるか具体的に説明した連続した二文を本文中からさがし、初めの五字を答えなさい。（5点）

(2) 本文中の[A]・[B]にあてはまる言葉を本文中からそれぞれ二字でぬき出して答えなさい。（10点・一つ5点）

A［　　］　B［　　］

(3) 本文中の[C]・[D]にあてはまる言葉を次から選び、記号で答えなさい。（10点・一つ5点）

ア なぜなら　イ 必ずしも
ウ たとえ　エ まるで

C（　　）　D（　　）

(4) ――線②「社会は、私たちの外側と内側にある」とありますが、「社会」が「内側」に「ある」とは、どういうことですか。それを説明した次の文の[　]にあてはまる言葉を本文中から五字以上、十字以内でぬき出して答えなさい。（10点）

まるで他人に対するように、自分のなかにいる[　]を説得することが必要な場合があること。

(5) ――線③「自由」とありますが、筆者が考える「自由」とは、どのようなものですか。最も適当《てきとう》なものを次から選び、記号で答えなさい。（10点）

ア 他人のどんな命令にも従うことなく、自分の意志のままに行動すること。

イ 社会のなかの他人を説得するように自分を説得したうえで行動すること。

ウ 社会への責任を生まれさせる自分への命令にしたがって行動すること。

エ 社会の命令に従うように自分を説得したうえで行動すること。

（　　）

〈早稲田実業学校中―改〉

2 次の文章を読んで、あとの問いに答えなさい。

国際的《こくさいてき》な商人として成功し巨万《きょまん》の富《とみ》を築《きず》いたシュリーマンは一八六五年、四十三歳《さい》のとき世界漫遊《まんゆう》の旅を敢行《かんこう》し、インド、中国をへて同年六月に来日、約三ヶ月滞在《たいざい》した。①維新《いしん》前の動乱期《どうらんき》である。

日本の読者が面《おも》はゆくなるほど日本人の暮《く》らしぶりや町の美しさを激賞《げきしょう》している。「ぞっとするほど不潔《ふけつ》」な天津《テンシン》や北京《ペキン》の町を見たあとだからだろう、シュリーマンの目には江戸《えど》の町は実に清潔《せいけつ》に見える。

「日本人が世界でいちばん清潔な国民であることは異論《いろん》の余地《よち》がない。どんなに貧《まず》しい人でも、少なくとも日に一度は、町のいたるところにある公衆浴場《こうしゅうよくじょう》に通っている」

チリ紙に注目するところなど観察が細かい。チリ紙で鼻をかんでその紙を台所のかまどにくべたり、袖《そで》にしまったりする。その動作は優雅《ゆうが》そのもの。「彼《かれ》らは、われわれが同じハンカチーフを何日も持ち歩いているのに、ぞっとしている」

ハンカチ文化と②チリ紙文化の違《ちが》いに着目している。

さらに商家の庭や寺社の境内《けいだい》の美しさに目を見張《みは》り、盆《ぼん》栽《さい》に驚嘆《きょうたん》し、江戸は森のなかにある町のようだとさえ書く。

江戸が緑の町、園芸の町だったことは、他の旅行者にも驚《おどろ》きをもって指摘《してき》されている。

同じく講談社学術《こうだんしゃがくじゅつ》文庫から出版《しゅっぱん》されたイギリスの園芸植物家でいわゆるプラントハンター（世界各地を歩き珍《めずら》しい植物を集める）のロバート・フォーチュンの『幕末《ばくまつ》日本探《たん》訪記《ぼうき》江戸と北京』に③そのことが詳《くわ》しく書かれている。

園芸好きのイギリス人は花や木を大事に育てることこそ文化であり文明であると考えている。フォーチュンは幕末に日本に来るまでは東洋の端《はし》にある④非文明国《ひぶんめいこく》だろうと軽《けい》視《し》していた。

しかし江戸の町を歩くと、どんな小さな家でも庭で草花を育てている。さらに驚いたのは駒込《こまごめ》周辺（染井《そめい》村）では植木屋が軒《のき》を並《なら》べていたこと。

「交互《こうご》に樹々《きぎ》や庭、恰好《かっこう》よく刈《か》り込《こ》んだ生《い》け垣《がき》がつづいている⑤公園のような景色《けしき》に来たとき、随行《ずいこう》の役人が染井村にやっと着いた、と報《しら》せた。そこの村全体が多くの苗樹園《びょうじゅえん》で網羅《もうら》され、それらを連絡《れんらく》する一直線の道が、一マイル以上もつづいている。私《わたし》は世界のどこへ行っても、こんなに大規模《だいきぼ》に、売り物の植物を栽培《さいばい》しているのを見たことがない」

ろくな文明などないと思ってやって来た江戸がみごとに園芸都市だったのにイギリス人のフォーチュンは素直《すなお》に驚いている。花だけでなく観葉植物までである。団子《だんご》坂では菊《きく》人形《にんぎょう》が並べられている。いまふうにいえば、江戸の町ではガーデニングが一般庶民《いっぱんしょみん》に日常的《にちじょうてき》に楽しまれていたのである。

昭和《しょうわ》に入ってもこのことは変わらない。昭和初期にイギリスの外交官夫人として日本に来て、約八年間滞在したキャサリン・サンソムは回想記『東京《とうきょう》に暮らす』のなかで、日本では木が実に大事にされていて、冬のあいだ松の木に藁《わら》が巻《ま》きつけられたり、枝《えだ》が折れないように縄《なわ》で竹の囲いに丁寧《ていねい》に縛《しば》りつけられたり（雪吊《づ》り）する様子に感嘆《かんたん》している。
さらに日本では庭木の手入れをする庭師《にわし》（植木屋）の地位が高いことにも驚いている。現代《げんだい》の外国人が日本に来たときはたして同じことに、賛美《さんび》してくれるだろうか。

（川本三郎《かわもとさぶろう》「本のちょっとの話」）

(1) ――線①「維新前の動乱期」とありますが、その時期は特に何と呼《よ》ばれていますか。本文中から二字でぬき出しなさい。（5点）

(2) ――線②「チリ紙文化」とありますが、それがどんな文化なのかを表している言葉を本文中から二つさがし、それぞれ漢字二字でぬき出しなさい。（10点）

(3) ――線③「そのこと」が指す内容《ないよう》を本文中から二十字以内でぬき出しなさい。（10点）

(4) ――線④「非文明国」と同じ意味の言葉を本文中から「国」に続く形で九字でさがし、ぬき出しなさい。（5点）

(5) ――線⑤「公園のような景色」とありますが、実際にはそこはどのような場所ですか。二十字以内で答えなさい。（10点）

国

(6) 現代の日本の都市のあり方に筆者が不安をかかえていることがうかがえる一文を本文中からさがし、初めの五字を答えなさい。（5点）

(7) この文章を通じて筆者が述《の》べようとしていることを四十五字以内で説明しなさい。（10点）

（日本大中―改）

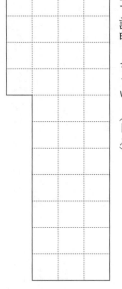

21 物語文を読む（読み取りの基本《きほん》）①

学習内容とねらい

物語文を読むときは、場面や登場人物をしっかりととらえましょう。また、たとえなどの表現《ひょうげん》の特色を味わいながら読みましょう。

（　月　日）

標準クラス

1 次の文章を読んで、あとの問いに答えなさい。

> 「私《わたし》」は、疲労《ひろう》と*倦怠《けんたい》を感じながら、汽車に乗っている。そこに十三、四歳《さい》の小娘《こむすめ》が乗りこんできた。もうすぐトンネルに入ろうとするところで、小娘は汽車の窓《まど》を開けた。窓から流れこむ煤煙《ばいえん》を顔に浴びて、「私」はひどくせきこんだ。

しかし汽車はその時分には、もう［A］隧道《トンネル》を、すべりぬけて、枯《か》れ草の山と山との間にはさまれた、ある貧《まず》しい町はずれの踏切《ふみき》りに通りかかっていた。踏切りの近くには、いずれも見すぼらしい藁屋根《わらやね》や瓦屋根《かわらやね》が［B］*狭苦《せまくる》しく建てこんで、踏切り番がふるうのであろう、ただ*一旒《いちりゅう》のうす白い旗《はた》がものうげに暮色《ぼしょく》をゆすっていた。やっと隧道を出たと思う――そのときその*蕭索《しょうさく》とした踏切りの柵《さく》の向こうに、私はほほの赤い三人の男の子が、目白押《めじろお》しに並《なら》んで立っているのを見た。彼《かれ》らはみな、この曇天《どんてん》に押《お》しすくめられたかと思うほど、そろって背《せ》が低かった。そうしてまたこの①町はずれの陰惨《いんさん》たる風物《ふうぶつ》と同じような色の着物を着ていた。それが汽車の通るのを仰《あお》ぎ見《み》ながら、いっせいに手をあげるか早いか、いたいけなのどを高く反らせて、②何とも意味の分からない*喊声《かんせい》を一生懸命《けんめい》にほとばしらせた。［C］その瞬間《しゅんかん》である。窓から半身乗り出していた例の娘が、あの霜焼《しもや》けの手をつとのばして、勢《いきお》いよく左右にふったと思うと、たちまち心をおどらすばかり暖《あたた》かな日の光に染《そ》まっている蜜柑《みかん》がおよそ五つ六つ、汽車を見送った子どもたちの上へばらばらと空から降《ふ》ってきた。私は思わず息をのんだ。そうして*刹那《せつな》にいっさいを了解《りょうかい》した。小娘は、おそらくはこれから奉公先《ほうこうさき》へおもむこうとしている小娘は、そのふところに蔵《ぞう》していた*幾顆《いくか》の蜜柑を窓から投げて、わざわざ踏切りまで見送りにきた弟たちの労《ろう》に報《むく》いたのである。

暮色を帯びた町はずれの踏切りと、小鳥のように声をあげた三人の子どもたちと、そうしてその上に乱落《らんらく》するあざやかな蜜柑の色と――すべては汽車の窓の外に、またたくひまもなく通り過《す》ぎた。が、私の心の上には、切ないほどはっきりと、③この光景が焼きつけられた。そうしてそこから、ある得体《えたい》の知れないほがらかな心もちがわき上がってくるのを意識した。私は*昂然《こうぜん》と頭をあげて、［D］別人を見るようにあの小娘を注視《ちゅうし》した。小娘はいつかもう私の前の席に返って、相変わらずひびだらけのほおを萌黄色《もえぎいろ》の毛糸の襟巻《えりま》きに埋《う》めながら、大きな風呂敷包《ふろしきづつ》みを抱《かか》えた手に、しっかりと三等切符《きっぷ》をにぎっている。……

④私はこのときはじめて、いいようのない疲労と倦怠とを、そうしてまた不可解《ふかかい》な、下等な、退屈《たいくつ》な人生をわずかに忘《わす》れることができたのである。

（芥川龍之介《あくたがわりゅうのすけ》「蜜柑」）

＊倦怠…この場合、けだるい気持ちを表す。
＊一旒…立てられている旗を数える単位。一流れ。
＊蕭索…ものさびしい様子。
＊喊声…大勢《おおぜい》がいっせいにあげる叫び声。
＊刹那…非常に短い時間。一瞬《いっしゅん》。
＊幾顆の…いくつかの。
＊昂然と…高ぶった気持ちで。

(1) 本文中の[A]・[B]にあてはまる言葉を次の中から選び、記号で答えなさい。

ア はらはらと　イ ぽつねんと
ウ やすやすと　エ ごみごみと

A（　　）　B（　　）

(2) 本文中の[C]・[D]にあてはまる言葉を次の中から選び、記号で答えなさい。

ア まるで　イ よもや
ウ ただし　エ すると

C（　　）　D（　　）

(3) ――線①「町はずれの陰惨たる風物」を具体的にえがいている一文を本文中からさがし、初めの五字を答えなさい。

(4) ――線②「何とも意味の分からない喊声を一生懸命にほとばしらせた」と同じ内容《ないよう》を、たとえを使って表した部分を本文中から十一字でぬき出して答えなさい。

(5) ――線③「この光景」とは、どのような光景ですか。本文中の言葉を使って、三十字以上四十字以内で答えなさい。

(6) ――線④「私はこのとき……できたのである。」とありますが、なぜそのようにできたのですか。その理由を次のように説明する場合、[　]にあてはまる言葉を本文中から五字でぬき出して答えなさい。

支《ささ》えあって生きる姉弟のきずなが、蜜柑のあざやかな色とともに「私」の疲《つか》れた心をいやし、[　]気持ちにしてくれたから。

（聖望学園中―改）

ハイクラス

時間 30分　合格点 70点　得点　点

（　月　日）

1 次の文章は、古代中国の思想家孔子《こうし》が、弟子《でし》の子路《しろ》と顔淵《がんえん》にめいめいの理想をたずねている場面である。これを読んであとの問いに答えなさい。

「先生、私《わたし》は、私が政治《せいじ》の要職《ようしょく》につき、馬車に乗ったり、毛皮の着物を着たりする身分になっても、友人とともにそれに乗り、友人とともにそれを着て、たとい友人がそれらをいためても、うらむことのないようにありたいものだと存《ぞん》じます」

　孔子は、子路が物欲《ぶつよく》に超越《ちょうえつ》したようなことをいいながら、その前提《ぜんてい》に自分の立身出世を置き、友人を自分以下に見ている気持ちに、ひどく不満を感じた。そして、促《うなが》すように、ふたたび顔淵の顔を見た。

　顔淵は、いつものように謙遜《けんそん》な態度《たいど》で、子路のいうことに耳を傾《かたむ》けていたが、もう一度、①自分の心を探《さぐ》るかのように目を閉《と》じてから、しずかに口を開いた。

「私は、善《ぜん》に誇《ほこ》らず、労を衒《てら》わず（自分の苦労や努力を誇らしげに見せびらかすことなく）、自分の為《な》すべきことを、ただただ真心をこめてやってみたいと思うだけです」

　――中略《ちゅうりゃく》――

　子路は、顔淵の言葉に、なにかしら深いところがあるように思った。そして自分の述《の》べた理想は、それに比《くら》べるといかにも上すべりのしたものであることに気がついて、いささか恥《は》ずかしくなった。が、悲しいことには、彼《かれ》の自負心が、同時に首をもたげた。そして、②彼はそっと顔淵の顔をのぞいてみた。顔淵は、しかし、いつもと同じように、つつましくすわっているだけで、子路が述べた理想を嘲《あざけ》っているようなふうなど、微塵《みじん》もなかった。子路はそれでひとまずほっとした。

　けれども、子路としては、孔子がどう思っているかが、もっと心配であった。［A］、一種の気味悪さを感じながら、孔子の言葉を待った。孔子は、［B］、じっと彼の顔を見つめているだけで、なんともいわなかった。

　かなり長い間、沈黙《ちんもく》がつづいた。子路にとっては、それは息づまるような時間であった。彼は目を落として、孔子の膝《ひざ》のあたりを見たが、やはり孔子の視線《しせん》が自分の額《ひたい》あたりに落ちているのを感じないわけにはいかなかった。③彼は少しいらいらしてきた。そして、顔淵までがおし黙《だま》って、つつましく控《ひか》えているのが、いっそう彼の神経《しんけい》を刺激《しげき》した。彼は顔淵に対して、これまでにない腹立《はらだ》たしさを感じたのである。で、とうとう彼はたえきれなくなって、詰《つ》めるように孔子に言った。

「先生、どうか先生のご理想も承《うけたまわ》らせていただきたいと存じます」

　孔子は、子路が顔淵に対してすらも、その浅はかな［C］を捨《す》てきらないのを見て、暗然となった。そして、深い憐《れん》憫《びん》の目を子路に投げかけながら、答えた。

「わしかい、わしは、老人たちの心を安らかにしたい、朋《ほう》友《ゆう》とは信をもって交わりたい、年少者には親しまれたいと、ただそれだけを願っているのじゃ」

この言葉を聞いて、子路は、そのあまりに平凡《へいぼん》なのに、きょとんとした。そして、それに比《くら》べると、D、と思った。彼のいらいらした気分は、それですっかり消えてしまった。

（下村湖人《しもむらこじん》「論語物語《ろんごものがたり》」）

(1) ――線①「自分の心を探るかのように目を閉じて」とありますが、ここから読み取れる顔淵の気持ちを次の中から選び、記号で答えなさい。（15点）

ア 孔子の問いの意味がわからずこまりはてる気持ち。
イ 子路の答えより良い答えを考えようとする気持ち。
ウ 慎重《しんちょう》に落ち着いて孔子の問いに答えようとする気持ち。
エ 孔子にみとめられた喜びをじっとかみしめる気持ち。

（　　）

(2) ――線②「彼はそっと顔淵の顔をのぞいてみた」とありますが、子路は、なぜそうしたのですか。本文中の言葉を使って、三十字以内で答えなさい。（15点）

(3) 本文中の A ・ B にあてはまる言葉を次の中から選び、記号で答えなさい。（20点・一つ10点）

ア しかし　イ そして　ウ もし　エ むしろ

A（　　）B（　　）

(4) ――線③「彼は少しいらいらしてきた」とありますが、その理由として最も適切《てきせつ》なものを次の中から選び、記号で答えなさい。（20点）

ア 話し合うことを求めたのに、弟子だけに発言させて自分の考えを何も言わない孔子にひどく腹が立ったから。
イ 自分の考えよりもすぐれた理想を述べた顔淵が、得意顔ですましてすわっていることが気に入らなかったから。
ウ 顔を見つめるだけで何も言わないので、自分が述べた理想についての孔子の考えがわからず不安だったから。
エ 顔淵の理想を聞き自分のあやまりに気づいたが、それを言い直すための言葉が見つからずあせってしまったから。

（　　）

(5) 本文中の C にあてはまる言葉を本文中から三字でぬき出して書きなさい。（15点）

(6) 本文中の D にあてはまる言葉として最も適切なものを次の中から選び、記号で答えなさい。（15点）

ア 自分はいささか難《むずか》しく考えていたな
イ 自分の言ったこともまんざらではないぞ
ウ 自分の何が気に召《め》さなかったのだろう
エ 自分や顔淵が評価されてしかるべきだ

（　　）

〈大妻中―改〉

22 物語文を読む ②
（出来事を読み取る）

学習内容とねらい
どのような出来事が起こったのかを整理すると、物語の流れをとらえることができます。出来事に対する登場人物の考えや心情《しんじょう》にも注意しましょう。

（　月　日）

標準クラス

1 次の文章を読んで、あとの問いに答えなさい。

①自分の手の中に、自分の使っていい五円札がある——。あらためて僕《ぼく》が、そんなことをハッキリと考えられるようになったのは、もう高架線《こうかせん》のガードが完全に町の建物のかげに隠《かく》れて見えなくなってからだ。それまでの間、僕はただ駅員がつり銭《せん》の間違《まちが》いに気がつき、追い駆《か》けてくることだけを惧《おそ》れた。しかし、もうここまで来れば、その心配はなかった。曲がり角の店で、赤いトンガリ帽《ぼう》をかぶった甘栗《あまぐり》屋の人形が、電気仕掛《でんきじか》けで首を振《ふ》りながら、それと一緒《いっしょ》に手に持った鈴《すず》を鳴らしていた。

——思いがけないことって、あるものだな。駅員は僕の出した紙幣《しへい》を十円札だと思いこんだ。それで五円のつりに七円何十銭*かをよこしてしまった。僕は窓口《まどぐち》の石の台の上に、五十銭、十銭、五銭の銀貨、白銅貨《はくどうか》が投げ出すように置かれていった有様《ありさま》を、もう一度思い浮《う》かべて愉《たの》しんだ。僕の想像《そうぞう》の中で、次から次へ投げ出された貨幣が山になって、無限《むげん》に高く積み上げられてゆくように思われた。しかも、その銀貨、白銅貨の山は、どれほど高くなっても、まだそのかたわらに手つかずのままに置かれた五円紙幣には及《およ》びがたい。こいつは僕が完全に自由に使える金だからだ。

ちゃりん、ちゃりーん……。

②甘栗屋の人形の鈴《すず》の音は遠くなった。だがもちろん、僕はこの五円で甘栗を買おうなんて気にはなれない。どうせ買い物をするなら、ウォーターマンの万年筆か、ゾリンゲンの鹿《しか》の角の柄《え》のついたナイフでも買った方がいい。しかし、今さら僕はそんなものもほしくはなかった。それよりも僕は最近、鮨《すし》の立ち食いの味をおぼえていた。——中略《ちゅうりゃく》——

しかし、その鮨屋では、一番高いエビだの赤貝だのをにぎった鮨でも一個五銭で、他のはみんな一個三銭だ。エビも悪くないが、僕はシャコの方がエビよりうまいと思うときがあるし、赤貝よりはトリガイの方がずっと好きだ。五円でいったいシャコや、コハダや、中トロの鮨が、どれぐらい食えるかと思ったら、③とたんにいささかギョッとした。とにかく、こん晩《ばん》はこれで帰ることにしよう。金の使いみちはあとでユックリ考えたらいい。僕は、心ゆたかにそう思い、私鉄《してつ》の駅の階段《かいだん》をのぼった。ちょうど電車が出たばかりで、ホームは空《す》いていた。ベンチにねんねこで赤ん坊《ぼう》をおぶった女の人がひとりですわっていたが、そのかたわらへ行って腰掛《こしか》けようとすると、竹ぼうきとチリ取りを持った駅員がやって来たので、僕はベンチから遠のいた。駅員は制服が不恰好《ぶかっこう》に大きすぎ、ダブダブの襟《えり》から細い頸《くび》がのぞいていた。年齢《ねんれい》は僕より下らしかった……。そのとき、どうしたことか④僕の目の前に急に、さっきのS駅の窓口にいた駅員の顔が浮かんだ。

（安岡章太郎《やすおかしょうたろう》「幸福」一部改）

＊銭…日本で使われていたお金の単位。一円の百分の一。

(1) ——線①「自分の手の中に、自分の使っていい五円札がある——」とありますが、そのような状況《じょうきょう》になったのは、どのような出来事があったからですか。本文中の言葉を使って、四十五字以内で書きなさい。

(2) ——線②「甘栗屋の人形の鈴の音は遠くなった」とありますが、これはどのような状況を表していますか。最も適切《てきせつ》なものを次から選び、記号で答えなさい。

ア お金のことばかり考えながら歩いていたため、甘栗屋を通り過《す》ぎてしまったということ。
イ 多くのお金を手にしたことで緊張《きんちょう》し、まわりがよくわからなくなっているということ。
ウ お金のことばかり考えているうちに、屋台の甘栗屋が移動《いどう》してしまったということ。
エ 毎日通って甘栗を買っているのだが、今は別のものに興味《きょうみ》があるということ。（　）

(3) ——線③「とたんにいささかギョッとした」とありますが、なぜですか。最も適切なものを次から選び、記号で答えなさい。

ア もっと現実的《げんじつてき》なお金の使いみちを考えるべきだと気づいたから。
イ 鮨を食べすぎて気分が悪くなったことを思い出したから。
ウ 自分の好きな鮨ネタがいかに安物であるかを思い知ったから。
エ 自分の持っている金額《きんがく》の大きさを改めて実感したから。（　）

発てん
(4) ——線④「僕の目の前に急に、さっきのS駅の窓口にいた駅員の顔が浮かんだ」とありますが、どのようなできごとがきっかけで、そうなったのですか。「弱々しい」という言葉を使って、四十五字以内で書きなさい。

〈山手学院中—改〉

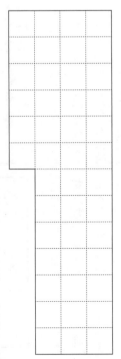

ハイクラス

時間	合格点	得点
30分	70点	点

月　日

1 次の文章を読んで、あとの問いに答えなさい。

東京《とうきょう》から大阪《おおさか》に移《うつ》り住《す》んで七年の柏木《かしわぎ》一家の四姉妹、長女あかね（中一）・次女きなり（小五）、三女るり（小三）・四女もえぎ（幼稚園《ようちえん》）が登場する。

父さんがふところから、ポチ袋《ぶくろ》のたばをテーブルの上にのせた。子どもたちの目が、いっせいに袋にすいついていく。

「これは西宮《にしのみや》のおばあちゃんから、これは長野《ながの》のおじいちゃんから、これはマンションのおばちゃんから、そして、これは父さんと母さんからです」

おじいちゃんたちのお年玉は、毎年暮《く》れの三十日か三十一日に宅配便《たくはいびん》で届《とど》けられる。

父さんはみんなに渡《わた》しおえると、[A]腰《こし》を浮《う》かしはじめた。

「ジョンと散歩にいってくるわ。①修羅場《しゅらば》は苦手やからなあ。君たち、がんばれよ。かげながら応援《おうえん》してるからな」

お年玉を配ったあと、父さんがジョンと散歩にでかけるのも、いつものことだった。

「さて、みなさん」

母さんがきりだす。こういうときの母さんの言葉はばりばりの関東弁《かんとうべん》だ。生まれも育ちも関東の母さんは、いまだに関西弁《かんさいべん》になじめないらしい。そこへいくと頭のやわらかい子どもはちがう。四女のもえぎを除《のぞ》くほかの三人は東京で生まれたけれど、みんなすぐに関西弁になれてしまった。もっとも、なれたという程度《ていど》で、友だちからは「まだ半人前」といわれている。父さんは時と場合によって、東と西の言葉を使い分けているみたいだ。

「今年の税金《ぜいきん》はどうしましょう。去年は四十パーセント、その前の年は五十パーセントでした。皆《みな》さんも大きくなってなにかと物いりでしょうから、今年は大サービスで三十パーセントにしようかとも考えていますが、いかがでしょうか」

にこっと笑ったるりのひざを、きなりがそっとたたいた。

「②みせかけにだまされたら、あかん」

あかねはだまって考えている。母さんがいくらもっともらしいことをいっても、つまるところ、子どもの小遣《こづか》いのピンハネだと思っている。なんとかやめさせたいけれど、方法が見つからないのだ。

もえぎひとりが退屈《たいくつ》で、足をバタバタふってはスリッパを床《ゆか》にころがしたり、たもとにみかんをいれてふりまわしたりしている。

「ママぁ、もえぎ、お年玉、みんなママにあげる。だから、外へいってもいいでしょう?」

るりがすっと立ちあがり、もえぎのすきなクッキーやらポテトチップやらを、きれいなナフキンの上にならべる。

「もえぎ、これは大事な話しあいやねん。あんたもここにいなさい」

③もえぎのおかしをつまむ音だけが、部屋にひびいていた。

二女のきなりが母さんを見つめる。

「税金のこと、もういっぺん考えなおしてもいいんやないの。そんなの、この家だけやわ」

「あらぁ、税金の必要性《ひつようせい》を、またはじめから説明しないといけないかしら」

母さんは余裕《よゆう》しゃくしゃくだ。歯切れのいい関東弁が［B］口をついてでてくる。

「税金とはそもそも国民の義務《ぎむ》でして……」

「もうええよ」

きなりがうんざりした声をあげた。

（中川なをみ「四姉妹」）

(1) ［A］・［B］にあてはまる言葉として最も適切《てきせつ》なものを次から選び、それぞれ記号で答えなさい。（30点・一つ15点）

ア うきうきと　イ いそいそと　ウ そわそわと

エ のろのろと　オ ぽんぽんと　カ こそこそと

A（　　）B（　　）

(2) 〰線「父さん」の説明として最も適切なものを次から選び、記号で答えなさい。（20点）

ア 気が小さく母さんのばりばりの関東弁に言い返せない。

イ むすめたちがこまっても全く無関係だと思っている。

ウ 動物を心から愛しジョンの散歩が日課となっている。

エ 子どもたちは心配だが、だれの味方にもなりたくない。

（　　）

(3) ——線①「修羅場」とありますが、どのようなやり取りを父さんは「修羅場」と表現《ひょうげん》しているのですか。最も適切なものを次から選び、記号で答えなさい。（15点）

ア むすめたちと母さんとのお年玉をめぐったやり取り。

イ むすめたちがお年玉をどう分けるかというやり取り。

ウ 母さんとの話をどれだけ早く終えるかというやり取り。

エ 税金の説明をくわしく母さんからうけるやり取り。

（　　）

発てん

(4) ——線②「みせかけにだまされたら、あかん」とありますが、これはどういうことですか。それをまとめた次の文の［　］にあてはまる言葉を本文中から十二字でさがし、ぬき出して答えなさい。（20点）

税金が下がっても、これは［　］にはちがいないから。

(5) ——線③「もえぎのおかしをつまむ音だけが、部屋にひびいていた」からわかるこの場の様子を表す言葉として最も適切なものを次から選び、記号で答えなさい。（15点）

ア 不安　イ 緊張《きんちょう》　ウ 安堵《あんど》　エ 自信

（　　）

23 物語文を読む（人物の気持ちを読み取る）③

学習内容とねらい

物語文では、それぞれの場面において、登場人物がどのように感じ、行動しているかに注意して読むようにしましょう。

（　月　日）

標準クラス

1 次の文章を読んで、あとの問いに答えなさい。

東京育ちの少年・勇太は、父を事故《じこ》でなくし、母に連れられ東北の山あいの村に移《うつ》ってきました。勇太はおくびょうな性格《せいかく》の上に村の子どもたちになかなかとけこめず、さびしくて退屈《たいくつ》な毎日を送っていましたが、ふとしたことから座敷《ざしき》わらしという妖怪《ようかい》たちと出会いました。彼《かれ》らとの友達づきあいの中で、勇太は少しずつ変わっていくのでした。

ぼくは、ペドロの仲間たちといっしょでなくても、もう夜道のひとり歩きなど平気だった。ペドロたちと遊んでいるうちに、暗闇《くらやみ》というものにすっかり馴《な》れてしまったのだ。それに、[A]と思えば、もう夜道などこわいものなんかなにもないのだ。

ぼくは、秋の体育祭の呼《よ》び物《もの》の、長者山の山頂《さんちょう》までの登山マラソンで、大作と最後までデッドヒートを演《えん》じて、惜《お》しくも二位になった。けれども、相手は中学三年生である。東京にいたころは、校庭を二周すればもう息切れがして落後したことを思えば、これは満足すぎるほどの成績《せいせき》であった。

村祭のときの、小・中学校合同の相撲《すもう》大会では、なんとか六位に食いこんだ。オリンピックなら、ビリで入賞というところだが、春まで①モヤシだったぼくには、まるで夢《ゆめ》のようだった。

相撲大会が終わってから、ぼくはひとりで嬉《うれ》しさを噛《か》みしめたくて、神社の裏《うら》のススキ野の方へ出ていくと、ススキ野のなかの細道のかたわらに、ペドロがしょんぼり、膝小僧《ひざこぞう》を抱《だ》いて座《すわ》っていた。

「②やあ、ペドロ。ぼくの土俵《どひょう》、みてくれたかい？」

ぼくがそういうと、ペドロは目をしょぼしょぼさせて、

「ああ、見たとも」といった。「えらい強くなったものだな。おめでとうよ」

「ありがとう。きみと仲間たちのおかげだよ」

そういう言葉が、自然にぼくの口から滑《すべ》り出た。

「いや、おれたちはなにもおめえに教えやしない。すべておめえの努力が[B]を結んだのさ。まず、よかった」

そういうと、ペドロはそれっきり膝小僧の上に顎《あご》ひげの生えた顎をのせて、目をとろんとさせている。まるで、眠《ねむ》り薬《ぐすり》をのまされたダルマだとぼくは思った。

「どうしたんだい、ペドロ。なんだか元気がなさそうじゃないか」

ペドロはしばらく黙《だま》っていたが、やがて大きな吐息《といき》をして、

「おれは大馬鹿野郎《ばかやろう》だよ。大馬鹿野郎のコンコンチキだ」
といった。ぼくは、ペドロがそんなに自分を責《せ》めるのを聞いたことがない。ぼくは、それで、なんだかおかしくなって噴《ふ》き出《だ》しそうになったが、ペドロのようすがいかにも深刻《しんこく》なので、ぼくは口のなかに溜《た》まった笑いをかみこんでしまった。
「どうしたんだい、いったい。なにをそんなにしょげているの?」

（三浦哲郎《みうらてつろう》「ユタとふしぎな仲間たち」一部改）

(1) [A]にあてはまる言葉として最も適切《てきせつ》なものを次から選び、記号で答えなさい。

ア 自分はペドロたち愛すべき妖怪の仲間なのだ
イ 妖怪といえども実は大したことはないのだ
ウ 村の小学生で一番力が強くなったのだ
エ 現代《げんだい》科学でとけないなぞはなにもないのだ

（　　）

(2) ――線①「モヤシだったぼく」とありますが、この言葉から「ぼく」がどういう少年だったことがわかりますか。かんたんに説明しなさい。

（　　）

(3) ――線②「やあ、ペドロ。ぼくの土俵、みてくれたかい?」とありますが、この言葉には「ぼく」のどのような気持ちがこめられていますか。最も適切なものを次から選び、記号で答えなさい。

ア はげましあってきた仲間である自分のかつやくをきちんと見とどけてくれたかどうか、一応確認《かくにん》しておきたいという気持ち。
イ 表面には出さないが内心はうれしくてしょうがない今の自分の思いを、ペドロに伝えてわかちあいたいという気持ち。
ウ 仲間である自分のかつやくを知らせることにより、落ちこんでいるペドロを少しでもはげましてやろうという気持ち。
エ ペドロたちに助けてもらったことに対して常《つね》に感謝《かんしゃ》していたので、今回も知らせなければいけないという気持ち。

（　　）

(4) [B]には「み」という読みの漢字があてはまります。あてはまる言葉として最も適切な漢字を一字答えなさい。

□

（清泉女学院中―改）

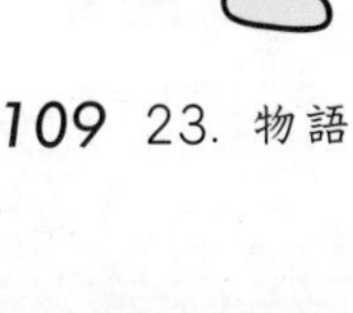

ハイクラス

時間 30分　合格点 70点　得点　点

（　月　日）

1 次の文章を読んで、あとの問いに答えなさい。

「ち」と「き」の発音が苦手な栞《しおり》は、これまで友人の千晶《ちあき》くんを名前で呼《よ》んだことがなかったが、今日、初めて「千晶くん」と呼んでみた。その後、栞と千晶くんは、佐山《さやま》先生から「今日がなんの日か知ってるかい？」と尋《たず》ねられた。以下は、それに続く部分である。

「今日は①ボクシング・デイといってね、一日遅《おく》れでクリスマスプレゼントを開ける日なんだよ。」

「ボクシング・デイ？　そんな記念日があるなんてはじめて聞きました。」

「[A]、どうしてわざわざ二十六日にプレゼントを開けるの？　プレゼントは、クリスマスイブか、クリスマスに開けるものじゃないの？」

——中略《ちゅうりゃく》——

「栞ちゃんと千晶くんは、すべての人が同じように、同じ日にクリスマスプレゼントをもらうことができると思うかい？　さあ、考えてごらん。」

校庭に顔を向けたまま、佐山先生はいった。

「同じ日にプレゼントをもらうのはむずかしいかもしれないな。忙《いそが》しかったり、からだの調子が悪かったりしたら、一日遅れちゃうことだってあるかもしれない。」

「気になって、クリスマス前にプレゼントを開けちゃう子もいそうだよね。[B]、敦志《あつし》くんとか。」

ふたりがそういうと、佐山先生は朗《ほが》らかな顔でうなずいた。

「そうなんだ。人にはそれぞれ事情《じじょう》があるからね、みんなそろってプレゼントを開けることはできないんだよ。だけど、せっかくのプレゼントだもの、[C]それが一日遅れようとも、プレゼントは開けたいだろう？　そんな人のために、ボクシング・デイはあるんだよ。

先生は*クリスチャンじゃないけど、この日がとても好きなんだ。すべての人にプレゼントをもらう機会があって、プレゼントを開ける権利《けんり》がある。そう思うと、とても人間が好きになるんだ。

もしかしたら、ボクシング・デイを知ったからこそ、先生はこの職業《しょくぎょう》に就《つ》いたのかもしれないな。すべての子どもに[D]を渡《わた》すためにね。

②この教室に通っている生徒のなかには、プレゼントを開ける日が遅《おそ》い子もいるんだ。だけど、たった一日のちがいだと先生は思っているよ。そして、一日遅れでプレゼントを開けたときの子どもたちの笑顔《えがお》が、先生はなによりも好きなんだよ。」

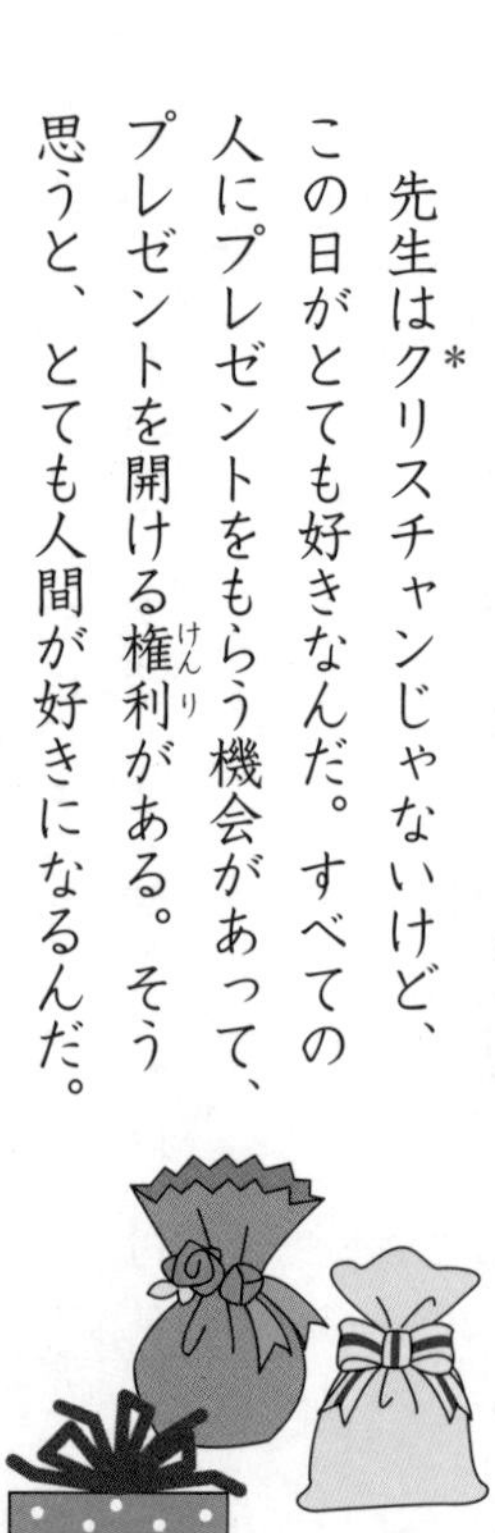

栞はいまだに「ち」と「き」の発音を思うように区別することができない。「ち」といったつもりが「き」と聞こえ

ることはしょっちゅうだ。さっきも「千晶くん」と呼んだとき、「き」の音がつまったようになってしまった。けれど、③今の佐山先生の話を聞いて、これからも「千晶くん」と名前で呼ぼうと決めた。「ことばの教室」で、佐山先生といっしょに、たくさん発音の練習をするのだ。そしていつか、佐山先生にプレゼントを贈《おく》ろう。

（樫崎《かしざき》　茜《あかね》「ボクシング・デイ」）

＊クリスチャン…キリスト教徒。

(1)　――線①「ボクシング・デイ」とありますが、佐山先生がボクシング・デイを好きな理由を説明した連続した二文を本文中からさがし、初めの五字を答えなさい。（15点）

(2)　本文中の［A］〜［C］にあてはまる言葉を次から選び、記号で答えなさい。（30点・一つ10点）

ア　たとえ　**イ**　たとえば
ウ　だけど　**エ**　あたかも

A（　）B（　）C（　）

(3)　本文中の［D］にあてはまる言葉を本文中から五字でぬき出して答えなさい。（15点）

(4)　――線②「この教室に……思っているよ」とありますが、先生のこの言葉を栞はどのような気持ちで受け取ったと考えられますか。最も適切《てきせつ》なものを次から選び、記号で答えなさい。（20点）

ア　クリスマスにプレゼントを開けられなくても、あわてなくてもいい。
イ　クリスマスも祝えないような不幸な人のことを考えなければならない。
ウ　人よりも遅れていると気づいたら、追いつけるように努力すべきだ。
エ　今はまだ上手に発音できなくても、それは小さなちがいにすぎない。

（　）

(5)　――線③「今の佐山先生の……名前で呼ぼうと決めた」とありますが、このときの栞の気持ちとして最も適切なものを次から選び、記号で答えなさい。（20点）

ア　どうせ自分の発音を直すことはできないのだから、気にするのはやめよう。
イ　いつかちゃんと発音できるようになる日が来ると信じて、前向きにがんばろう。
ウ　「千晶くん」と名前で呼んだことが、千晶くんへのプレゼントになってうれしい。
エ　「ち」と「き」の発音ができないことで、佐山先生の授業《じゅぎょう》が受けられてよかった。

（　）

（和洋九段女子中―改）

24 物語文を読む（主題をつかむ）④

学習内容とねらい

物語には、それを通じて作者が伝えたいと考えていることがらがあります。それにそって登場人物や事件《じけん》が作られていることに注意して読みましょう。

（　月　日）

標準クラス

1 次の文章を読んで、あとの問いに答えなさい。

自分の進路のことで悩《なや》んでいた「お兄ちゃん」を「あや」と「健太《けんた》」はずっとはげましていました。本文はそれに続く場面です。

そんなある日、お兄ちゃんが、おばあちゃんのうちにあいさつに来ました。家に帰るというのです。あやは、うれしいやら、がっかりするやら、①さびしいやら、ふくざつな気持ちでした。

「おばあさんが、ときどき手づくりの料理をとどけてくれたことが、なによりうれしかったです。今までなんとも思わないで食べてきたおふくろの味のありがたさが、よくわかりました。」

おじいちゃんとおばあちゃんは、この、②半分おとなで半分子どもというやっかいな世代にいる少年のことを心配していたので、手ばなしで喜びました。とりわけ、おじいちゃんのまなざしは、むかし先生をしていたころの深い愛をとりもどして、あたたかでした。

「なにか力になってやれないものかと気にはなっていたんじゃが、さあ、いったいどうしてやったらいいもんかと、わしも考えあぐねていたんじゃよ。よかった、よかった。若《わか》いときに立ちどまって考え、悩んだものほど、強くなれるとも。七十年間、どんな困難《こんなん》にも負けないで生きてきた者がいう、たしかなことばじゃよ。」

お兄ちゃんは、心から喜んでくれている人たちにむかって、ぽつりぽつりとしゃべりはじめました。

「おやじは、弁護士《べんごし》なんです。おれは、おやじと、おれの将来《しょうらい》のことで、何度もいい争いました。弁護士になるのが当然で、マンガ家はだめだというのです。それで、とびだしてしまったんだけど、もう一度、よく話しあってみようと思うのです。おれは、もう、なんとしてでもマンガ家になるつもりだから、おやじも、きっとわかってくれると思います。」

おじいちゃんが、うなずいて、「ああ、そうするがいい。」といいました。

「君は、親ばなれの時期をむかえているんだよ。『ジャックと豆の木』という話を知っているかね。雲の上の大男は、父親をいいあらわしているそうじゃが、君も、ジャックが豆の木を切ったように、③親の考えや、ものの見方をたち切って、自分で考えるようになったんだ。なにもかも、うまくいくとも。」

おばあちゃんも、はなむけのことばをおくりました。

「一度しかない人生だから、いちばんすきなことをやりなされよ。苦労も多いが、喜びもたんとあることだろうて。」

お兄ちゃんの目に、④ほこらしそうな光がやどりました。

（安江《やすえ》生代《いくよ》「海からの手紙」）

(1) ——線①について、あやが「さびしい」と感じたのはなぜですか。本文中の言葉を使って二十字以内で答えなさい。

(2) ——線②「半分おとなで半分子どもというやっかいな世代にいる少年」とありますが、この表現《ひょうげん》からうかがえる「お兄ちゃん」の様子として最も適切《てきせつ》なものを、次から選び、記号で答えなさい。

ア 悩みをかかえてはいるものの最後には自分の考えをまげることなくおし通そうとしている様子。

イ 体の成長に心の成長が追いつかず、万事がうまくいかないことに対してもどかしさを感じている様子。

ウ 自分の将来のことは自分で決めていこうとするが、そのことに自信を持てないために思い悩む様子。

エ まわりの人間に支《ささ》えてもらうことを常《つね》に必要としており、自分一人では何も決められないでいる様子。

（　　）

(3) ——線③「親の考えや、ものの見方をたち切って、自分で考えるようになった」を、言いかえている言葉を本文中から四字でぬき出して答えなさい。

(4) ——線④とありますが、それはなぜですか。最も適切なものを次から選び、記号で答えなさい。

ア おじいちゃんとおばあちゃんに自分の将来の夢《ゆめ》とこれからの考えを認《みと》めてもらい、自信を持つことができたから。

イ おじいちゃんとおばあちゃんの話を聞いて、人生にはまだ知らない喜びがたくさんあると知り、うれしくなったから。

ウ おじいちゃんとおばあちゃんと同じように、自分の夢に正直になることであやも一緒《いっしょ》に喜んでくれるだろうと思ったから。

エ おじいちゃんとおばあちゃんの話を聞いて、これからはどんな苦労も負けずに乗りこえてやるという気持ちになったから。

（　　）

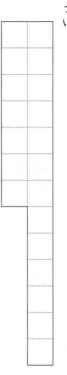

30分 時間　70点 合格点　得点　点　月　日

ハイクラス

1 次の文章を読んで、あとの問いに答えなさい。

写生大会で、美術教師《びじゅつきょうし》の洋《ひろし》は、描《えが》くのに苦労している女の子の下絵を、よかれと思って手伝おうとした。

洋が近づくと、女の子は①おびえた目つきになった。洋はできるだけ優《やさ》しい声でたずねてやった。

──②どうしてさっきのに塗《ぬ》っていかへンかったンや。

女の子はふりむいて唇《くちびる》をかんだ。なにかを懸命《けんめい》にこらえている顔だった。

──きみの好きないろで自由に塗っていってたら、もう仕《し》上《あげ》られたのに……。

洋が言っても女の子は［　　］をきかなかった。③さっきよりもっと強く唇をかんだ。両目に涙《なみだ》があふれたまった。こぼれ落ちるのをなんとかこらえていたが、一粒《つぶ》ぽろんと落ちたのをきっかけに、画用紙の上に涙の小雨がふった。洋はあわてた。そのときになって、自分がでしゃばりすぎたことをしたのにようやく気がついたのだ。この子はこの子のテンポとやり方で描いていた。それを洋はぶちこわしてしまったのだ。女の子は、小さな、けれどきつい声で、さっきの絵は先生の絵だで──わたしやっぱり自分の絵を描きたかったで……と、言ったのだ。洋は④胸《むね》をつかれ、困惑《こんわく》した。いったいどうすればよいのか。もうしばらくすると、自分は学校へもどり、全校生徒集合のあと、本日の写生大会の終了《しゅうりょう》を宣言《せんげん》しなければならなかった。しかし、この子の絵はそのときまでにとてもとても仕上るはずがなかった。女の子はそんな洋を無視《むし》して、また線を引いては消しゴムを使う──作業をくり返していた。洋は男の子になって立ちすくんでいた。

すると、さっきみたいに、また背中《せなか》をちょんとつつく者がいた。ふりむくと、根元少年がすぐ後にきていた。

──まだ仕上らん生徒がふたりおるで、先生がおしまいまで見とる──と、学校まで言いにいったるでよ。

(そうや、終了宣言なんか誰《だれ》かにかわってもらえばええわ。それよりこの子や。この子とおしまいまでつきあうことの方がだいじや)

──たのむわ。

と、言ってから、ふたり──いうたら誰のことや、もうひとりは？　ときいた。根元少年はにっと笑って自分の顔を指さし、すぐもどるで……。言い残してもうかけだしていた。

(⑤負うた子に教えられ──か)

心の中でぼやきながら、洋は女の子にていねいにあやまった。仕上るまでここにおるさかい、ゆっくり描き。さっきの子もまだやから、ふたりでゆっくり描いたらええ……。

女の子の頬《ほお》からかたい線がすっと消え、安心したのか、手の動きが少し早くなった。

（今江祥智《いまえよしとも》「牧歌」）

(1) ――線①「おびえた目つき」とありますが、なぜ女の子はおびえた目つきをしたのですか。最も適切《てきせつ》なものを次から選び、記号で答えなさい。（15点）

ア 絵が全然できていなくてせかされると思ったから。

イ 自分の好きなように絵を描かせてくれないから。

ウ 自分の描いた絵を見られておこられると思ったから。

エ 自分の絵が洋を失望させてしまうと思ったから。

（　　）

(2) ――線②「どうしてさっきのに塗っていかヘンかったンや」とありますが、女の子が色を塗らなかったのはなぜですか。それについてまとめた次の文の□にあてはまる言葉を、本文中から十一字でぬき出して答えなさい。（15点）

洋の手を借りたものではなく、□から。

(3) □にあてはまる言葉を、漢字一字で答えなさい。（10点）

(4) ――線③「さっきよりもっと強く唇をかんだ」女の子の心情《しんじょう》として最も適切なものを次から選び、記号で答えなさい。（10点）

ア おそれ　**イ** 情《なさ》けなさ

ウ きん張《ちょう》　**エ** くやしさ

（　　）

(5) ――線④「胸をつかれ」とありますが、その理由を本文中の言葉を使って四十字以内で書きなさい。（25点）

発てん

(6) ――線⑤「負うた子に教えられ」とあるが、ここで洋が学んだことはどのようなことであったか。本文中の言葉を使って五十字以内で書きなさい。（25点）

チャレンジテスト ⑦

時間 50分　合格点 70点　得点　点　月　日

1 次の文章は、借金取りに追われていた「父」が、「僕《ぼく》」と使用人の老婆《ろうば》である「スナ」が暮《く》らす家にもどってきた場面です。これを読んで、あとの問いに答えなさい。

父はひどく慌《あわ》てていた。一刻《いっこく》も早く家から離《はな》れたくて仕方ないといった素振《そぶ》りで、僕とスナに用件《ようけん》だけを手短に伝えた。スナには現金《げんきん》の入った封筒《ふうとう》を渡《わた》し、本当によく働いてくれた、これからは信州《しんしゅう》にいる息子《むすこ》さんのところで、楽しく余生《よせい》を過《す》ごすようにと言った。僕には三通の封筒を手渡し、ひとつには現金、もうひとつには手紙、最後のひとつには転校手続きの書類が入っていると告げた。①僕は呆《あっ》気《け》に取られた。父は債権者《さいけんしゃ》から逃《に》げまわりながらも、いつの間にかちゃんと学校へ行って、転校手続きまですませていたのだ。

突然《とつぜん》、スナが［　］②泣きはじめた。泣き声をたてないように寝巻《ねまき》の袖《そで》で口を押《お》さえながら、老人とは思えない大《おお》粒《つぶ》の涙《なみだ》をこぼした。僕は無理もないと思った。父や僕なんかより遥《はる》かに長く、スナはこの青山の家にいたのだった。

大戦中、みんなが田舎《いなか》へと疎開《そかい》していくなか、スナはたった一人でここに残り、目も口も開けていられないほど、凄《すさ》まじかった東京大空襲《だいくうしゅう》の夜、竹ボウキとバケツだけで、家を焼夷弾《しょういだん》の炎《ほのお》から守り通したのだった。いわばここが、スナの生家そのものだったのだ。今さら、信州の息子さんのところに帰れと言われたって、おいそれとできるものではないし、そのことを一番よく知っているのは、当の父なのだ。

③だんだんと腹《はら》が立ってきた。父のあまりの身勝手さに、今まで感じたことのない怒《いか》りを覚えた。僕らは父に振《ふ》りまわされてばかりいる。一度だって前もって相談されたことなどないのだ。いつも後から知らされて、おろおろするばかりだ。僕は決心した。④今日こそ生まれて初めて、父に面と向かって文句《もんく》を言ってやろう。

玄関《げんかん》のほうで物音がした。父は怯《おび》えきった表情《ひょうじょう》で、慌てて立ちあがった。

「新一《しんいち》、これ以上話す時間がない。父さんはかならずおまえを迎《むか》えに行くからな。我慢《がまん》して待っていろ。これからのことはこの手紙に書いてある。いいか、かならず一年以内に迎えに行くからな」

父は内ポケットから新たな封筒を取り出すと、僕に投げてよこし、あっという間に逃《に》げ去った。僕とスナはしばらく茫然《ぼうぜん》としていた。今あったことが現実なのかどうかも分からなかった。だが、手には確《たし》かに四通の封筒がある。僕は泣き続けるスナを寝かしつけると、電気はすでに停《と》められていたので、懐中電灯《かいちゅうでんとう》の明《あか》りでその手紙を読んだ。

（上野哲也《うえのてつや》「ニライカナイの空で」）

(1) ——線①「僕は呆気に取られた」とありますが、どのようなことに対して「呆気に取られた」のですか。次の中から三つ選び、記号で答えなさい。（6点・一つ3点）

ア 父の突然の訪問《ほうもん》　**イ** 父の意外なやさしさ
ウ 父の無神経《むしんけい》さ　**エ** 父の手際《てぎわ》の良さ
オ 父のやつれ具合　**カ** 父の提案《ていあん》の意外さ

（　・　・　）

(2) 本文中の□にあてはまる言葉を次の中から選び、記号で答えなさい。（4点）

ア はらはらと　**イ** わあわあと
ウ さわさわと　**エ** からからと

（　）

(3) ——線②「泣きはじめた」とありますが、スナはなぜ泣きはじめたのですか。次の中から選び、記号で答えなさい。（10点）

ア あわれな父のすがたを気の毒に思ったから。
イ 「東京大空襲」のときの苦労を思い出したから。
ウ 「青山の家」からはなれることがつらかったから。
エ 転校することになる「僕」がいとおしかったから。

（　）

(4) ——線③「だんだんと腹が立ってきた」とありますが、「僕」は父の何に対して腹が立ったのですか。本文中の言葉を使って、三十五字以内で答えなさい。（10点）

(5) ——線④「今日こそ生まれて初めて、父に面と向かって文句を言ってやろう」とありますが、「僕」がこのように決心した一番のきっかけは何ですか。「父に対する思い」以外で最も大きなきっかけとなったものを次の中から選び、記号で答えなさい。（10点）

ア スナに対する同情
イ 家からはなれなければならない悲しさ
ウ スナと別れなければならない悲しさ
エ 新しい生活への不安

（　）

(6) 「僕」が、この日のできごとをきっかけに成長してきているとうかがえる部分を、本文中から十六字でぬき出して書きなさい。（10点）

〈国府台女子学院中—改〉

2 次の文章を読んで、あとの問いに答えなさい。

源頼信《みなもとのよりのぶ》という武将《ぶしょう》が、東国に使者を遣《つか》わして名馬を手に入れました。頼信の息子《むすこ》の頼義《よりよし》は、その馬を譲《ゆず》り受けたいと思い、父の家に出かけました。頼信は、息子が馬のことを何も言わないうちにその心を見抜《みぬ》いて「明朝見て、気に入ったならさっそく(その馬を)引いて行きなさい。」と告げます。ところが、夜のうちに馬盗人《うまぬすびと》によって、馬が盗まれてしまいました。

「ゆうべ連れて来た御馬《おうま》がとられたぞ！」

父の頼信は、この声を耳にするや否《いな》や、寝《ね》ている頼義に、

「馬が盗まれたといって騒《さわ》いでおるが、聞いたか。」

とも告げずに、はね起きざま、着物をひっかけ、裾《すそ》をはしょり、*胡簶《やなぐい》を背負い、厩《うまや》に駆《か》けつけ、自分で馬を引き出すと、ありあわせの粗末《そまつ》な鞍《くら》を置いて飛び乗り、ただ一騎《いっき》逢坂山《おうさかやま》めざして追っていきました。

——中略《ちゅうりゃく》——

また、頼義も、その叫《さけ》び声を聞きつけ、父の頼信と同じことを考えました。①父にはそうとも告げずに、装束《しょうぞく》をも解《と》かずごろ寝をしていましたから、真暗な中をすぐ飛び起き、父とまったく同じく、胡簶をかき負い、厩の馬を引き出して、逢坂山へとこれもただ一騎で追いかけて行きました。

父は、わが子は必ず後を追ってくるだろうと信じ、子は、わが父は必ず一足先に追いかけて行っているに違《ちが》いあるまいと考え、それに遅《おく》れまいと懸命《けんめい》に馬を走らせるのでした。

賀茂川《かもがわ》の河原《かわら》を走り過《す》ぎる頃《ころ》には、雨もやみ、空も晴れて来ましたので、[A]馬を走らせて追い行くうちに、まもなく逢坂山にさしかかりました。

馬盗人は、盗んだ馬に乗って、もうここまでくれば大丈夫《だいじょうぶ》、うまく逃《に》げ切ることが出来たと逢坂山のあたりの水たまりの場所を、馬の足並《あしな》みをゆるめて、じゃぶじゃぶと歩ませて行きました。頼信はその水音を聞くと、ちょうどそこで討《う》とうと、前から子の頼義と約束でもしてあったかのように——もちろん、まっ暗なので、頼義がいるかいないかさえも分からなかったが——

「頼義、②射《い》よ。あれだ。」

と叫びました。その言葉がまだ終らぬ中《うち》に③ビュッと弓音が聞こえました。当《あた》った、手応《てごた》えがあったと思う間もなく、走っていく馬の*鐙《あぶみ》の音がからからと聞こえ、[B]人が乗っていないことがわかりました。[C]また、頼信は、

「盗人は射落としたぞ。早く追いかけて、あの馬を取って来い。」

それだけ言うと、頼義が馬を連れてくるのも待たず、そのまま帰途《きと》につきました。

——中略——

④翌朝《よくあさ》になっても、頼信は頼義に、「　　」などとは何一つ言いません。

(西尾光一《にしおこういち》「今昔物語《こんじゃくものがたり》　若《わか》い人への古典案内」)

*胡簶…矢を入れる道具。
*鐙…馬に乗るときに足を乗せるために使う道具。

(1) 本文中の［A］～［C］にあてはまる言葉を次の中から選び、記号で答えなさい。(9点・一つ3点)

ア だから　イ すると
ウ いよいよ　エ もはや

A（　　）B（　　）C（　　）

(2) この話に出てくる場所を、頼信の家から遠い順にならべた場合に正しいものはどれですか。次の中から選び、記号で答えなさい。(6点)

ア 東国―逢坂山―賀茂川　イ 東国―賀茂川―逢坂山
ウ 賀茂川―逢坂山―東国　エ 逢坂山―東国―賀茂川

（　　）

(3) ――線①「父にはそうとも告げずに」とありますが、なぜ頼義は父に告げなかったのですか。次のように説明する場合、［　］にあてはまる語句《ごく》を本文中から二十三字でさがし、初めと終わりの三字を答えなさい。(7点)

父の頼信は［　］と考えたから。

［　　　］～［　　　］

(4) ――線②「射よ。あれだ」とありますが、まっ暗なのになぜ「あれだ」と言えたのですか。次のように説明する場合、［　］にあてはまる語句を本文中から十一字でさがし、ぬき出して答えなさい。(7点)

馬の足並みをゆるめて［　］行く水音から盗まれた馬の位置を確信《かくしん》したから。

［　　　　　　　　　　　］

(5) ――線③「ビュッと弓音が聞こえました」とありますが、その音はだれに聞こえたのですか。(5点)

（　　）

(6) ――線④「翌朝になっても……言いません。」とありますが、もし昨夜のことについて言うとしたら、どのような言葉だったのでしょうか。「［　］」の中にあてはまる具体的な内容《ないよう》を二つ答えなさい。(8点・一つ4点)

（　　）（　　）

(7) この文章の筆者が伝えたかったものとして最も適切《てきせつ》なものを次の中から選び、記号で答えなさい。(8点)

ア 馬の高い価値《かち》　イ 親と子の信頼《しんらい》関係
ウ 武士のたくましい生き方　エ 人と馬との深い関係

（　　）

〈捜真女学校中―改〉

25 随筆文《ずいひつぶん》を読む（読み取りの基本《きほん》）①

学習内容とねらい

随筆文は、えがかれた出来事や情景《じょうけい》と、それらについて筆者が持った感想や考えに注意しながら、読み進めるようにしましょう。

（　月　日）

標準クラス

1 次の文章は、筆者が友だちといっしょにレストランで食事をしたときの出来事を書いたものです。これを読んで、あとの問いに答えなさい。

①メニューのなかをそぞろ歩いていたら、隣《とな》りの卓《たく》に親子らしき三人がやってきた。お父さん、お母さん、それに小学校三年か四年くらいの女の子。

この店はメニューでパスタを選び、あとは肉料理、魚料理、サラダ、パンなど、店の中央の大きな卓に歩いていって、自分で選んでとることになっている。お皿一枚《いちまい》分一回限《かぎ》りという約束だが、手わたされた皿が大ぶりなのがうれしかった。あれこれ欲《よく》ばって、食べてみたいものを少しずつとり、卓にもどると、隣りから細い煙《けむり》が立ち上り、かすかにこちらにたなびいている。そういえば、隣りのお母さん、くわえ煙草《たばこ》で店に入ってきたっけ。

そこへ、サラダの皿を持ってもどったお父さん。②大きなため息をひとつ落として、煙草の火をもみ消した。煙草の煙が消えるやいなや、お父さん、今度は小さく叫《さけ》ぶのだ。

「そりゃいったい」

ひと様のテーブルをじろじろ覗《のぞ》くわけにもいかないが、上等なブラウスを着こんだお嬢《じょう》ちゃんが手にした皿が目に入ったときには、③友だちも私《わたし》も「ひっ」と声にならない声を上げてしまった。これほどたくさんの食べものを積み上げた皿は、見たことがない。それを左手に持ち、一〇枚は重なっているとおぼしきバゲット*の薄《うす》切りを右手に持って立っている。これをこの子が全部お腹《なか》におさめ、その上たのんだパスタまでたいらげたら、それは昼のごはんではなくて、大食いコンテストだ。小学生は［A］、大人もまず食べきれない。

煙草のお母さんは「いやね、この子ったら」と笑った。

お父さんは何も言わない。

こんなに哀《かな》しい食卓ってあるだろうか。

このひとたちには、④店のひとの「がっかり」も、食べたくても満足に食べられない遠い国の子どもたちの見えない「がっかり」も、そこに隣り合わせた私たちの「がっかり」も、きっとわからないだろう。［B］何より、食べることの意味を教えられずに育っていくこの女の子を思うと、「がっかり」を通り越して目の前が真っ暗になる。

「外でちゃんとごはん」の意味が身に沁《し》みて、ひりひりする。口うるさく作法を言い立てるのではない方法でわかってもらうためには、ええと、ええと……。
あれこれ考えて、ゆき着いた結論《けつろん》は、あっけないほどさっぱりとしたものだった。
私がその大切さを噛《か》みしめながらごはんをつくり、噛みしめながら食べること。

（山本ふみこ「食卓の力」）

＊バゲット…長い棒状《ぼうじょう》のフランスパン。

(1) ——線①「メニューのなかをそぞろ歩いていたら」とありますが、「メニューのなかをそぞろ歩く」とは、どのようなことをたとえていますか。三十字以内で答えなさい。

(2) ——線②「大きなため息をひとつ落として」とありますが、どのような思いからだと考えられますか。次の中から選び、記号で答えなさい。

ア 禁煙席なのに煙草を吸うなんて
イ 吸いかけの煙草を置いてテーブルを離れるなんて
ウ くわえ煙草でレストランに入ってくるなんて
エ 身体に悪い煙草をやめられないなんて

(3) ——線③「友だちも私も『ひっ』と声にならない声を上げてしまった」とありますが、なぜですか。その理由を本文中の言葉を使って、三十字以内で答えなさい。

(4) 本文中の A ・ B にあてはまる言葉を次の中から選び、記号で答えなさい。

ア まるで　**イ** もちろん
ウ そして　**エ** つまり

A（　　）B（　　）

(5) ——線④「店のひとの『がっかり』」とは、どのようなものだと考えられますか。次の中から選び、記号で答えなさい。

ア 一度にたくさん皿に料理をもられ、もうけが少なくなってしまうことに、がっかりする気持ち。
イ せっかく作った料理が大量に残されてしまうことに、がっかりする気持ち。
ウ 自分の店にマナーの悪い客がふえてきたことに、がっかりする気持ち。
エ せっかく作った料理を味わいもせずに急いで食べられてしまうことに、がっかりする気持ち。

（　　）

〈立教池袋中—改〉

ハイクラス

時間 30分　合格点 70点　得点 　点　　月　日

1 次の文章を読んで、あとの問いに答えなさい。

観光旅行に行くことと①旅に出ることは違《ちが》います。観光旅行はガイドブックに紹介《しょうかい》された場所や多くの人が何度も見聞きした場所を訪《たず》ねることです。そこでは実際《じっさい》に見たり触《ふ》れたりする喜びはあるかもしれませんが、あらかじめ知り得ていた情報《じょうほう》を大きく＊逸脱《いつだつ》することはありません。一方、旅に出るというのは、未知の場所に足を踏《ふ》み入れることです。知っている範囲《はんい》を超《こ》えて、勇気を持って新しい場所へ向かうことです。それは、肉体的、空間的な意味あいだけではなく、精神的《せいしんてき》な部分も含《ふく》まれます。［Ａ］、精神的な意味あいのほうが強いといってもいいでしょう。

人を好きになることや新しい友だちを作ること、はじめて一人暮《ひとりぐ》らしをしたり、会社を立ち上げたり、いつもと違う道を通って家に帰ることだって旅の一部だと思うのです。実際に見知らぬ土地を歩いてみるとわかりますが、旅先では孤独《こどく》を感じたり、不安や心配がつきまといます。旅人は常《つね》に少数派《しょうすうは》で、＊異邦人《いほうじん》で、自分の世界と他者の世界の間にあって、さまざまな状況《じょうきょう》で問いをつきつけられることになります。多かれ少なかれ、世界中のすべての人は旅をしてきたといえるし、生きるとはすなわちそういった冒険《ぼうけん》の連続ではないでしょうか。

生まれたばかりの子どもにとって、世界は異質《いしつ》なものに溢《あふ》れています。もともと知り得ていたものなど何もないので、あるがままの世界が発する声にただ耳を澄《す》ますしかありません。目の前に覆《おお》いかぶさってくる光の洪水《こうずい》に身をまかせるしかないのです。そういった意味で、②子どもたちは究極の旅人であり冒険者だといえるでしょう。歳《とし》をとりながら、さまざまなものとの出会いを繰《く》り返すことによって、人は世界と親しくなっていきます。やがて、世界の声は消え、光の洪水は無色透明《とうめい》の空気みたいになって、③何も感じなくなっていくのでしょう。それは決して苦しいことではありませんから、世界との出会いを求めることもなくなり、異質なものを避《さ》けて五感を閉《と》じていくのかもしれません。そうして世界がすでに自分の知っている世界になってしまったとき、あるがままの無限《むげん》の世界は姿《すがた》を変えて、ひどく小さなものになってしまいます。そのことを否定《ひてい》するつもりはまったくありませんし、自分もそうならないとは限《かぎ》りませんが、＊不断《ふだん》の冒険によって最後の最後まで旅を続けようと努力したいと僕《ぼく》は思うのです。

現実《げんじつ》に何を体験するか、どこに行くかということはさして重要なことではないのです。心を揺《ゆ》さぶる何かに向かいあっているか、ということがもっとも大切なことだとぼくは思います。［Ｂ］、人によっては、あえていまここにある現実に踏みとどまりながら大きな旅に出る人もいるでしょうし、ここではない別の場所に身を投げ出すことによってはじめて旅の実感を得る人もいるでしょう。

ぼくが④冒険家という肩書《かたが》きに違和感《いわかん》を抱《いだ》く理由がわかっていただけたでしょうか。いま生きているという冒険を行っている多くの人々を前にしながら、登山や川下りや航海をしただけで「すごい冒険だ」などとは到底《とうてい》思えないのです。

（石川直樹《いしかわなおき》「いま生きているという冒険」）

*逸脱…本来の道筋《みちすじ》や決まった場所からそれること。
*異邦人…外国人。
*不断の…絶《た》えることのない。

(1) 本文中の A ・ B にあてはまる言葉を次の中から選び、記号で答えなさい。（20点・一つ10点）

ア しかし　**イ** だから
ウ まして　**エ** むしろ

A（　　）　B（　　）

(2) ――線①「旅に出ること」とはどのようなことだと筆者は考えていますか。次のように説明するとき、 Ⅰ ・ Ⅱ にあてはまる言葉を、Ⅰは二字、Ⅱは五字でそれぞれ本文中からぬき出して答えなさい。（30点・一つ15点）

Ⅰ を持って Ⅱ に足を踏み入れること。

Ⅰ　Ⅱ

(3) ――線②「子どもたちは究極の旅人であり冒険者だ」とありますが、筆者はなぜ「究極の」という言い方をしているのですか。次のように説明するとき、□にあてはまる言葉を本文中から五字でぬき出して答えなさい。（15点）

もともと知り得ていたものが何もない生まれたばかりの子どもにとっては、世界のすべてが□のともなう未知の世界との出会いだと言えるから。

(4) ――線③「何も感じなくなっていく」と、ほぼ同じ意味で使われている言葉を本文中から十字以内でぬき出して答えなさい。（15点）

(5) ――線④「冒険家という肩書きに違和感を抱く理由」とありますが、筆者が「違和感を抱く」のはなぜですか。本文中の言葉を使って、五十字以上六十字以内で答えなさい。（20点）

（筑波大附属駒場中―改）

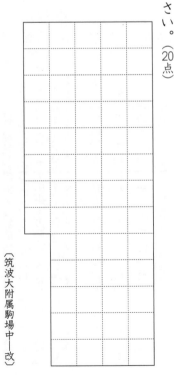

26 随筆文《ずいひつぶん》を読む ②
（出来事を読み取る）

（　月　日）

学習内容とねらい　どんな出来事が書かれているかを正しく読み取りましょう。また、その出来事の背景《はいけい》にあるものや、出来事に対する筆者の考えに注意しましょう。

標準クラス

1 次の文章を読んで、あとの問いに答えなさい。

ぼくの手もとに今残っている日記の中で、一番古いものは中学三年生の折《おり》につけたものである。もともとあまり日記を書く方ではないのだが、それでも小学生の終《おわ》り近くや中学にはいった頃《ころ》は気が向けばなにかそれらしいものは書いていたはずなのに、いつの間にか皆《みな》どこかになくなってしまった。

[A]、その古い日記には、一九四七年の七月十四日から八月二十五日にいたる記録が一日一ページずつ小さな字でぎっしりと書きこまれている。

「いよいよ今日から、正式の夏休みだ」という書き出しの一行からもわかるように、これは夏休みの日録なのである。どんな決心のもとに日記をつけはじめようとしたのかは全く憶《おぼ》えていないのだけれど、それが自発的な衝動《しょうどう》にもとづくものであったことだけは間違《まちが》いがない。表紙の左上に赤鉛筆《あかえんぴつ》で、「秘《ひ》」と書いた字をマルで囲っていることからも①それは明らかだ。

②とはいっても、内容はたわいないことばかりである。友達をさそって多摩川《たまがわ》に釣《つり》に行き、見まわりの若《わか》い男に「カンサツをもっているか」とたずねられ、なかったために一人二円ずつ取られて「入漁証《にゅうりょうしょう》」というカードを渡《わた》されたこと。③トマトを食べたとか食べないとかで兄貴《あにき》と大喧嘩《おおげんか》したこと。

——中略《ちゅうりゃく》——

また、どんなつもりであったのか、「リーダーズ・ダイジェスト」からのこんな警句《けいく》が書き抜《ぬ》いてあったりする。

「結婚前《けっこんまえ》にはよく目を開けて、結婚したら半分閉じて。——フランクリン」

そのうち、「④気がつけば　半ばすぎけり　夏休み」という俳句《はいく》らしきものが現《あらわ》れると、後はにわかに宿題についての記述《きじゅつ》が多くなる。

それにしても、久《ひさ》しぶりに三十年ほども昔の日記をめくってみてまず気づくのは、食べ物についての関心が異常《いじょう》に強く、食糧《しょくりょう》のみならず衣類などの配給品をしばしば取りに行かされ、夜は停電《ていでん》に苦しめられているといった、あの時代特有の暮《くら》しの雰囲気《ふんいき》である。

けれど、□方、食糧難《なん》、物資《ぶっし》不足で生活が苦しかったとはいえ、当時十五歳《さい》の少年であるぼくは意外に毎日を楽しんでもいる。今から振《ふ》り返れば、その不思議なアンバランスが面《おも》白《しろ》い。いや、日常《にちじょう》生活というものは、どこでも決して苦しさ□色や楽しさばかりで成り立つものではない。[B]、苦しさや辛《つら》さのすぐ横に小さな喜びが隠《かく》れていたり、楽しさの裏側《うらがわ》に不安がひそんでいたりするのがわが日常なるものなのだろう。

（黒井《くろい》千次《せんじ》「任意《にんい》の一点——一番古い日記——」）

(1) 本文中の[A]・[B]にあてはまる言葉を次の中から選び、記号で答えなさい。

ア ところが　**イ** ところで

ウ まして　**エ** むしろ

A（　　）B（　　）

(2) 本文中の□（二か所）に共通してあてはまる漢字一字を書きなさい。

（　　）

(3) ——線①「それは明らかだ」とありますが、何が明らかなのですか。本文中の言葉を使って、四十字以内で答えなさい。

(4) ——線②「とはいっても」とは、どういうことですか。次の中から選び、記号で答えなさい。

ア 夏休みの日録であっても

イ どんな決心だったか憶えていないとはいっても

ウ 自発的な衝動にもとづくとはいっても

エ 「秘」と書いた字をマルで囲っているとはいっても

（　　）

(5) ——線③「トマトを……大喧嘩したこと」とありますが、このことの一因《いちいん》ともなっている、この時代を語る本文中の一語をぬき出して答えなさい。

（　　）

(6) ——線④「気がつけば……記述が多くなる」とありますが、このことからわかる「ぼく」が直面していることを、解答《かいとう》らんにしたがって答えなさい。

□□が□□□□□ること。

(7) 本文の筆者の考えに合うものを次の中から選び、記号で答えなさい。

ア 日常生活は楽しさと苦しさがとなり合っているものだ。

イ 苦しいからこそ自分なりの楽しさを見つけるべきだ。

ウ 喜びは必ず苦しみの原因に変わるものである。

エ 楽しいことばかり追い求めるのはよくないことである。

（　　）

〈青山学院中—改〉

ハイクラス

時間	合格点	得点
30分	70点	点

（　月　日）

1 次の文章を読んで、あとの問いに答えなさい。

　商売というのはすばらしいシステムだ。インチキが介在《かいざい》せず、納得《なっとく》した上でのフェアな取引ならば、双方《そうほう》ともが喜べるのだから。自由主義《しゅぎ》社会には競争があるゆえ、「うちで買っていただいてありがたい」と売り手は感謝《かんしゃ》しなくてはならないにしても、別に買い手が偉《えら》いわけではない。

　電車や飛行機の中で、乗務員《じょうむいん》に対して理由もなく横柄《おうへい》な人がいる。[A]だ。乗せてもらわなくては困《こま》るくせに、何をいばっているのだろう。旧《きゅう》国鉄の内部には「乗せてやる」という言い回しがあったそうで、それもひどい勘違《かんちが》いだと思うけれど。

　「いや、お客は偉い。買う時は、だれもが王様になる」という考え方もあるだろう。しかし、それだと①無用のストレスが社会に広がりそうで、賛同《さんどう》しかねる。王様やお姫様《ひめさま》の気分にしてあげることを目的とした一部のサービス業を例外として。

　子供《こども》のころ、駄菓子屋《だがしや》でキャラメルを買う時や、食堂で親が精算《せいさん》をしている時、「買ってやったぞ」とお客様面《づら》をしていた。高度経済《けいざい》成長期に育ったので、小学生でも[B]の消費者として扱《あつか》われた結果と言える。そんな私《わたし》が現在《げんざい》のように〈転向〉したのは、自分が社会に出て接客《せっきゃく》の現場にいたせいだろうが、それに先立つ経験もある。

　中学生になるかならずかという夏休み。両親の郷里《きょうり》である高松《たかまつ》で過《す》ごし、源平《げんぺい》合戦で有名な屋島《やしま》に遊びに行った。三つ年下の弟と二人だったように思う。平日のことで山上に人は少なかった。*蝉《せみ》しぐれの遊歩道を散策《さんさく》した私は、ある光景に出くわす。

　休憩所《きゅうけいじょ》の店先に帽子《ぼうし》をかぶったおじさんが立ち、中をのぞいていた。五十代ぐらいの人だったのではないか。連れはいなかった。うどんでも食べて店を出ようとしていたらしい。おじさんは財布《さいふ》を片手《かたて》に、店の奥《おく》に向かって言った。

「ごちそうさまぁ」

　意外な言葉だった。代金を払《はら》おうとしているのに店員の姿《すがた》が見当たらない場合、とりあえず「すみませーん」と呼《よ》びかけるものだと思っていた。いや、それしか思いつかなかった。なのに、このおじさんは無料でもてなされたかのように「ごちそうさま」と言う。一瞬《いっしゅん》だけ違和感《いわかん》を覚えた後、②私の内に変化が起きた。

　自分のために料理を作ってくれたのだから、お客として代価《だいか》を支払《はら》うとしても「ごちそうさま」と言うのが礼儀《れいぎ》にかなっている。考えたこともなかったけれど、それはそうだと納得し、お客は偉いわけではない、と知ったのだ。

　後日、食堂だかレストランだかで食事をして店を出る時に、私は小声でぎこちなく「ごちそうさま」と言ってみた。

すると、照れくさい気もしたが、それだけのことで一歩大人に近づいたように感じた。以来、店側に不始末がないかぎり「ごちそうさま」を言い添《そ》えている。

屋島で見た何でもないひとコマが、私を少しだけ変えた。あのおじさんには、今も感謝している。先方は、すれ違っただけの少年に何事かを教えたとはゆめゆめ*思っていないだろうが、大人の言動が子供にあたえる影響《えいきょう》は、かほど大きいのだ。平素《へいそ》から心しておかなくてはならない。

書店員をしていて、いろんな人と遭遇《そうぐう》した。ブックカバーをつけただけで「どうもありがとう」と言ってくれる人ばかりではない。ささいな行き違いで激昂《げきこう》し、アルバイトの大学生に「おれは客やぞ。社長に電話したろか！」と金切り声でさけぶ小学生をなだめたこともある。根性《こんじょう》の曲がったガキだな、と思いつつ、君は（　③　）、とかわいそうになった。


（有栖川有栖《ありすがわありす》「お客は偉くない」）

※出題にあたり、原文の形式を一部改めました。
＊蝉しぐれ…蝉の鳴き声がしぐれのように聞こえること。
＊ゆめゆめ…まったく。

(1) A・B にあてはまる言葉として最も適当《てきとう》なものを次から選び、記号で答えなさい。ただし同じものはくり返して使えません。（20点・一つ10点）
ア なりゆき　イ いっぱし
ウ ふるまい　エ こっけい
A（　　）B（　　）

(2) ――線①「無用のストレスが社会に広がりそう」とありますが、それはなぜですか。四十字以内で答えなさい。（20点）

(3) ――線②「私の内に変化が起きた」とありますが、その変化はどんなことがきっかけで起きたのですか。本文中の言葉を使ってまとめなさい。（20点）
（　　）

(4) （　③　）にあてはまる表現を考えて、二十字以内で答えなさい。（20点）

(5) 次の一文はもともと本文中にあったものです。入れるべき最も適切な場所の、直後の四字を答えなさい。（20点）
・この世の幸福の総和《そうわ》が増大《ぞうだい》するようにできている。

（東邦中―改）

27 随《ずい》筆《ひつ》文《ぶん》を読む ③
（心情《しんじょう》を読み取る）

学習内容とねらい

随筆での出来事を通じて、登場する人々の気持ちを読み取ってみましょう。自分の立場から登場人物の気持ちをおしはかるのもいいでしょう。

（　月　日）

標準クラス

1 次の文章を読んで、あとの問いに答えなさい。

わたしは外出からもどると、すぐ歯をみがくクセがある。これはわたしが衛生的《えいせいてき》であるということではない。朝は家をでるべき時間の直前までねていて、□飛びだすものだから、歯をみがく時間さえ惜《お》しいので、つい省略《しょうりゃく》ということになるだけだ。

その夜も洗面所《せんめんじょ》で歯ブラシを使っていたら、ガラス戸いちまい向こうの風呂場《ふろば》で、子どもたちが、喋《しゃべ》っていた。

まず、中学一年の兄貴《あにき》が、すこし大人っぽい口調ではじめるのである。

「うちのとうちゃんは、このごろ、ちょっと、おかしいと思わんか。」

「そうや、そうや。」

だいたいが①イエス・マン風の小学四年の次男は調子がいい。

「とうちゃんは、自分で、子どものことが専門《せんもん》や、子どもの味方やと、いばっとるけど、②とうちゃんのいう子どもとは、よその家の子どものことと違《ちが》うか。」

「そやそや、ぼくら、うちの子を、あんまり、かわいがってくれへんわ。」

「帰ってくるのが遅《おそ》い、いうのが、第一まちがっとる。それに、よう外泊《がいはく》しよる。」

「日曜でも、あれは何や。仕事です原稿《げんこう》書きます、とか何かいうとるけど、自分の部屋で、ぐうぐう眠《ねむ》っとるのやで。どこへも連れていってくれへん。」

「つまり、とうちゃんのいうとる子どものなかには、ぼくらは、はいっとらん、いうわけや。」

やつらは、なかなか③手きびしい。

なるほど、わたしはあまり早く帰宅《きたく》するとはいえないし、帰らない日も少なくないのである。

しかし、ほんとうの意味で外泊するのは、月に二、三度、つい終電車をはずし、研究室にソファで、ねてしまうくらいで、あとは子どものための芝居《しばい》の稽古《けいこ》で、実際《じっさい》はねていないのである。

もっとも数年まえまでは、京都市内に仕事部屋を借りていたので、すこしこみいった仕事にかかると、週に一度もどればいい方であった。

そのころ、彼《かれ》らは、ずっと小さかったのだが、ひさしぶりのわたしに向かって、「ああ、とうちゃんが来よった。」

と、はしゃいだものである。

子どもの母親は、わたしがいない方が手がかからないから楽だといってはいたが、④「来よった」というのは、いかにも近所に聞こえもよくないと、こぼしていたようである。

（中川正文《なかがわまさふみ》「おやじとむすこ」）

(1) □にあてはまる言葉として最も適切《てきせつ》なものを次から選び、記号で答えなさい。
ア 痛《いた》しかゆしで
イ お茶をにごして
ウ あわをくって
エ すずしい顔で
オ 寝耳《ねみみ》に水で
（　　）

(2) ——線①「イエス・マン風」とは、ここではどのような態度《たいど》のことを意味していますか。二十字以内で答えなさい。

(3) ——線②「とうちゃんのいう子どもとは、よその家の子どものことと違うか」とありますが、子どもたちがこのように考えた理由として最も適切なものを次から選び、記号で答えなさい。
ア とうちゃんはいそがしい日々を送っていて、自分たちの家に帰ってこないから。
イ とうちゃんは子どものに関わる仕事をしているが、自分たちにかまってくれないから。
ウ とうちゃんは自分たちとも遊んでくれるが、よその子どもとも遊んでいるから。
エ とうちゃんがあまりに家に帰ってこないので、よく顔を覚えていないから。
（　　）

(4) ——線③「手きびしい」とありますが、このように感じた理由として最も適切なものを次から選び、記号で答えなさい。
ア 子どもたちが自分のことについて話しているときの言葉づかいがとげとげしく感じたから。
イ 子どもたちの自分に関する話を聞いて、心のきょりができてしまったと感じたから。
ウ 自分の仕事ぶりや子どもたちとの接《せっ》し方について、思っていた以上に子どもたちから低い評価《ひょうか》を受けたから。
エ 自分に対して子どもたちが言い合っている不満が、親に対して非情《ひじょう》だと感じたから。
（　　）

(5) ——線④「『来よった』というのは、いかにも近所に聞こえもよくない」とありますが、これはなぜだと考えられますか。簡単《かんたん》に書きなさい。
（　　）

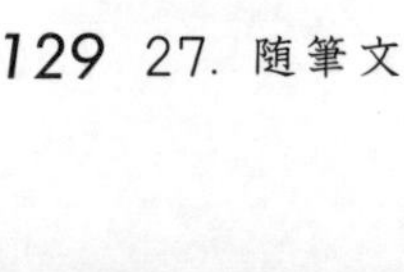

時間 30分　合格点 70点　得点 点　月 日

1 次の文章を読んで、あとの問いに答えなさい。

庭の小さな池に睡蓮《すいれん》の鉢《はち》を沈《しず》め、メダカを飼《か》っている。以前は植木屋のむりやり置いていった鯉《こい》がいたのだが、私《わたし》は鯉はあまり好きでないので、死んだり人にやったりで結局一匹《いっぴき》もいなくなった。睡蓮とメダカだけになると、①ふしぎなもので水替《みずか》えしなくとも水は澄《す》み、天然の池の風情《ふぜい》を呈《てい》してくるから面白《おもしろ》い。無精者《ぶしょうもの》の私にはもってこいの池になった。

鯉のいたあいだは年に一度は池の大掃除《おおそうじ》をし、ポンプで水を強制循環《きょうせいじゅんかん》させねばならなかった。そうしていても水はにごりがちで、青ミドロがすぐはびこった。

しかし今は何もしないでもつねに水が澄んでいる。底に沈んだ落葉も、はびこった藻《も》もそのまま放っておくのに、それらがかえって自然の自浄《じじょう》作用をしているらしい。そしていろんな生き物が住みつく。朱《あか》いミミズ状《じょう》のもの、巻貝《まきがい》、タニシ、ミジンコ、ヤゴ。この春は池から推定《すいてい》約四十四の銀ヤンマがとびたっていった。

初夏、日ましに睡蓮が葉をましてゆき、やがてある朝ポカッと赤や純白《じゅんぱく》の花をひらく。その均整《きんせい》のとれた花はまったくいくら見ていてもあきない。睡蓮は夕方になると花を閉《と》じ、正確《せいかく》に三日間しか花をひらかない。それだけにいっそう貴重《きちょう》なものにおもわれ、私は池の端《はし》にしゃがんで見とれているのである。

その睡蓮の茎《くき》や、池のすみに植えてある花ショウブの茎に、ヤンマのぬけ殻《がら》がくっついている。そこにもここにもある。中には雨にうたれて羽化《うか》しきれず、なかば脱《ぬ》けだして死んでいるやつもある。それからある日、たぶんこの池で育った色鮮《いろあざ》やかな銀ヤンマが飛んできて、睡蓮の葉にとまり、尻《しり》を水中にさしこんで執拗《しつよう》に卵《たまご》を産みつけている。見ていてなんだか痛《いた》ましい気がする。

②これが植物と昆虫《こんちゅう》と魚との共存《きょうぞん》共栄の世界か。

私は、人間世界のことをぼんやり思いうかべながら、そんな感想をいだいて見ている。

が、よく観察していると、この共存共栄のはずの自然も、一方ではすさまじい生存《せいぞん》競争の世界であることがわかってくる。

とくに一番ひどいのはメダカどもだ。

冬のあいだ、底の藻のなかにじっと沈んで生きてるのか死んでるのかわからなかったメダカは、水温二十度になるころは、猛烈《もうれつ》に動きまわってふとり、いつでも卵を腹《はら》に抱《かか》えている。細い藻にからだをこすりつけて、卵を産みつける。やがて、極微《ごくび》の、目玉ばかり金色に光った子がそこらじゅうに孵《かえ》ってくる。

ところが、放っておくと親メダカどもはその子メダカを食ってしまうのである。そのときは体長三センチ程度《ていど》の小さなメダカが獰猛《どうもう》な肉食魚に見える。

私はみかねて、池に孵った子メダカを柄杓《ひしゃく》ですくっては別の水槽《すいそう》にうつしてやった。卵を見つけるとこれも別にしておいた。全部でかれこれ三百匹はそうやって救った。が、この子メダカどうしのあいだでも、成長の早いやつが同胞《どうほう》を食う現象《げんしょう》がおこる。しかも食ったやつほど成長が早い。結局それやこれやで生き残ったのは五十四ほどにすぎなかった。

——やれやれ、こいつらの世界でも同じことか。

私はなんだかがっくりきて、それでも一匹でも多く残そうと情《なさけ》ない努力をしている。よくわからないが、人間の経《けい》済《ざい》や政治の世界を目《ま》のあたり見せつけられる気もする。

現在《げんざい》の住所に移《うつ》って十二年、数年前から蝉《せみ》が土中からぬけだしてくるようになった。七年間土中にいるという蝉のそのぬけ殻を見るのも感動的なものだ。そしてこの夏、広島の街を歩いていて私はここにもやたらと蝉の多いことに気づいた。蝉の声を聞いていると③ある思いがきざしてきて、「蝉どもはいかにして生き延《の》びたりや。広島に蝉多し」という言葉が浮《う》かんだ。歌にも句《く》にもなってないな、と友人にひやかされたが。


（中野孝次《なかのこうじ》「生きたしるし」）

(1) ——線①「ふしぎなもので水替えしなくとも水は澄み」とありますが、筆者は何によって水が澄んでいると考えていますか、本文中から十字以内でぬき出して答えなさい。(25点)

(2) ——線②「これが植物と昆虫と魚との共存共栄の世界か」とありますが、次の中で筆者が考える「共存共栄の世界」にあてはまるものには○、あてはまらないものには×をそれぞれ書きなさい。(50点・一つ10点)

㋐ 花ショウブがヤンマの脱皮《だっぴ》をする場所になっている。
㋑ 銀ヤンマが睡蓮の葉にとまって卵を産みつける。
㋒ 同じ池の中に鯉とメダカがすみ、睡蓮がさいている。
㋓ 青ミドロがはびこった池でも鯉が生き続ける。
㋔ 藻がはびこった池に巻貝やタニシなどが住みつくようになる。

㋐（　　）　㋑（　　）　㋒（　　）
㋓（　　）　㋔（　　）

(3) ——線③「ある思い」とはどのような思いですか。最も適当《てきとう》なものを次から選び、記号で答えなさい。(25点)

ア 蝉のあまりの多さにおそれを持つ気持ち。
イ 蝉たちも生存競争を生き延びたのだという気持ち。
ウ 蝉たちが多くのぎせいのもとに増《ふ》えたことへのおどろき。
エ 蝉たちのすみかをうばった人間社会へのいかり。

（　　）

チャレンジテスト⑧

時間 50分　合格点 70点　得点　点　月　日

1 次の文章を読んで、あとの問いに答えなさい。

思い出してみてほしい。かつては、家と社会という意識《いしき》が厳然《げんぜん》としてあって、家から一歩出るとそこはもう社会であると思っていた。家の中では相当にダレた姿《すがた》をしていても、煙草《たばこ》を買いに出掛《でか》けるだけで社会用に、ジャケットの一枚《いちまい》も羽織《はお》ったものである。ぼくの父は必ず中折れ帽《ぼう》をかぶった。

家からほんの数十メートル、同じ町内でもそうであったから、他町村へ出掛けたり、ましてや東京へ出るとなると晴れ着に近い物を選んで、最大の誠意《せいい》を示《しめ》し、同時に社会という他者の坩堝《るつぼ》の中で緊張《きんちょう》をもって過《す》ごせるように、覚《かく》悟《ご》を決めたものである。

①それは実に面倒《めんどう》なことであったが、これがよかった。社会には自分で押《お》し通せないことがいっぱいあり、時には他者に自分を合わせることも必要だと、教えられたからである。だから、人間というのは個々大した存在《そんざい》ではないけれど、社会を尊重《そんちょう》し、味方に引き入れることで、つまり着更《きが》える毎《ごと》に大きく見せることが出来るのだともわかった。それを今、多くのファミリーは得々として放棄《ほうき》しているのである。

普段着《ふだんぎ》の過信《かしん》は、たぶん、マイカーを持つようになってからのことだと思う。人々は普段着で移動するようになった。自分の家の門前から、サンダル履《ば》きのまま東京都心へ直入出来る。楽で、便利であろうが、不作法さのまま家族が移動し、不作法さのまま他人の社会を踏《ふ》むかと思うと、実に空恐《そらおそ》ろしい感じがするのである。ファミリーはしっかりと不作法の同志《どうし》となり、自由を満喫《まんきつ》する。満喫する方はいいだろうが、される方はたまったものではない。

――中略《ちゅうりゃく》――

たかが余所《よそ》行きと普段着、着る者の選択《せんたく》で何ほどのことがあろうかと思われるかもしれないが、メリハリのつかない生活感が、メリハリのつかない社会観や人生観に繋《つな》がるのである。「個人」と「家族」と「社会」というたった三つの顔が出来ない人たちに、秩序《ちつじょ》や節度を期待することは無理であろう。個の過信が社会を崩《くず》す。そのメリハリを、どこで失い、どこで放棄し、どこで平気になってしまったのであろうか。

ファッションや行動に自由が持ち込《こ》まれて喝采《かっさい》を博したのは、ついこの前のことである。ぼくもその時は、大いに手を打ち鳴らした。

しかし、この自由を使いこなすには、相当に練り上げられた社会人としての教養、場を心得ることの出来る品性《ひんせい》と、それぞれが内面に抱《いだ》いたタブーが必要であった。それを考えないで使い放題の自由は伝統《でんとう》も国情《こくじょう》も個性もすべて打ち砕《くだ》き、何でもありの、何でもなしにしてしまったのである。

ぼくがまだ若《わか》かった頃《ころ》、東京という都市は、②大いなる踏み絵を強《し》いる社会であった。長く東京生活をした後でも、しばらく離《はな》れ、また東京へ踏み込む時には、緊張を感じた。ここで生きられるだろうか、ここで認《みと》められるだろうかと何度も思った。東京とは、とても常態《じょうたい》では勝負出来ない社会であったからである。また、ぼくは、九州の実家から東京へ帰って来る時、小田原《おだわら》を過ぎたあたりから、ピシャピシャと頬《ほほ》を叩《たた》いて東京の顔をつくり、社会に立ち向かう覚《かく》悟《ご》を決めたものである。

　これがもし、マイカーであったなら、そして、まるまるの普段着であったならどうであろうか。そんなことをする必要もなく、悠々《ゆうゆう》と東京へ入る。その代わり、社会を意識してみる機会を失ったに違《ちが》いないのである。

　③普段着のファミリーは、なぜ普段着で他人だらけの社会の中へ入って行くことが出来るのであろうか。個の顔で社会に立ち向かうのであれば、その度胸《どきょう》と勇気に感心してみせようが、行儀《ぎょうぎ》を知らず、社会の大きさを個のレベルに縮小《しゅくしょう》し、恐れを知らず、傍若無人《ぼうじゃくぶじん》になるのであれば④教育としては最悪である。社会の大きさと、手強《てごわ》さと、人生には不《ふ》可能《かのう》の方が多いことを教えるのが教育で、それには普段着では役目を果たさないと知るべきなのである。

（阿久《あく》　悠《ゆう》「普段着のファミリー」）

(1) ——線①「それ」の指す内容《ないよう》として最も適当《てきとう》なものを次から選び、記号で答えなさい。(10点)

ア 家と社会という意識はあいまいでも、すぐに外に出られる準備《じゅんび》だけはしておくこと。

イ 家と社会という意識をなくし、いつでも外に出られるような姿を保《たも》っておくこと。

ウ 家と社会という意識を明確《めいかく》にしながらも、自分だけが納得《なっとく》できる心構《こころがま》えを持つこと。

エ 家と社会という意識をはっきりさせ、それぞれにふさわしい姿をして心構えを持つこと。

（　　）

(2) ——線②「大いなる踏み絵を強いる社会」で、必要だと筆者が考えるものは何ですか。最も適当な言葉をこれよりあとの本文中より十字でぬき出して答えなさい。(10点)

(3) ——線③「普段着のファミリー」を言いかえた言葉を本文中から六字でさがし、ぬき出して答えなさい。(10点)

発てん

(4) ——線④「教育としては最悪である」とありますが、なぜですか。その理由を二十字以内で答えなさい。ただし、「秩序」という言葉を必ず使うこと。また、文末は「……を植えつけてしまうから。」に続く形で書きなさい。(15点)

を植えつけてしまうから。

〈攻玉社中—改〉

2 次の文章を読んで、あとの問いに答えなさい。

もともと猫《ねこ》好きで、飼《か》っている猫のこと、死んでしまった猫のことについてはいくつも文章を書いたことがある。子供《こども》の頃《ころ》は家に犬がいたけれど、これは頑固《がんこ》な性格《せいかく》のテリア犬で、小学生のわたしを主人と認《みと》めていなかったからわたしの言うことなどまったく聞かず、①散歩に連れてゆくのもただ面倒《めんどう》なだけだった。もっと歩こうと踏《ふ》ん張《ば》って道端《みちばた》で動かなくなってしまう犬をずるずる引きずって帰ってくるのがいつも苦痛《くつう》でならなかった。わたしはその犬が好きになれなかったし、②犬の方もわたしのことが好きではなかった。要するに、犬との間にあまり良い関係は結べなかったのである。

ところが二年ほど前、五十歳《ごじっさい》を過《す》ぎてふと、また犬を飼ってみようかと思い立った。まあかなり以前から、世間ではこんなに沢山《たくさん》の人々が犬を可愛《かわい》がっているのだから、犬を飼うというのもきっと本当は楽しいことなんだろうなと漠《ばく》然《ぜん》と想像《そうぞう》してはいた。新しい住まいが広くなって少し余裕《よゆう》ができたということもある。自分は「猫派《は》」だと③頑《かたく》なに自《じ》己規定《こきてい》して一生を終えるのもいいけれど、どうせ一度しかない人生なのだから、こんな歳《とし》になってからであれ、④自分の知らなかった楽しみに目覚められるものなら目覚めてみたい。

それと、どうせ飼うなら玩具《がんぐ》（おもちゃ）のぬいぐるみのようなちっこいやつではなく、いっそのこといかにも犬らしい大型犬がいい。家内はもともと猫だけでなく犬も好きで、散歩のたびに街で目に留《と》めては「可愛いわねえ」と言っていたのはゴールデン・レトリーバーだった。そういうわけで、二〇〇五年十二月半ばのこと、生後一ヶ月の茶色い仔犬《こいぬ》がわが家にやって来た。――中略《ちゅうりゃく》――

どんな動物であれ幼体《ようたい》はみなそうだが、可愛いことはそりゃあ可愛い。しかし犬を育てることの面倒は想像以上で、⑤やめておけばよかったかなと最初のうち何度も後悔《こうかい》に近い気持ちになったのは事実である。猫の場合、トイレのしつけさえ済《す》めば後はだいたいひとりで生きていってくれるし、またそうした独立自尊《どくりつじそん》を好む動物でもある。軀《からだ》をつねに清《せい》潔《けつ》に保《たも》つことさえ自分でやってのけ、人間の生活にはさほど興味《きょうみ》を持たず＊干渉《かんしょう》もせず、また人間から干渉されることも好まない。時たま撫《な》でてほしいとき自分のほうからすり寄《よ》ってくるばかりだ。

ところが犬の場合、トイレの場所を教えこむのは手始めにすぎず、そこから先が大変だ。とにかく何にでもじゃれかかり、噛《か》み散《ち》らす。コンセントに嵌《は》まっているソケットに口を当てていれば感電するぞと引き離《はな》し、ビニールやゴムや紐《ひも》を口に入れていれば呑《の》みこむのではないかとはらはらする。食卓《しょくたく》の食べ物を狙《ねら》って飛びついてくるのでおちおち落ち着いて食事もできない。散歩がまたひと苦労で、朝《あさ》晩《ばん》ひどく時間をとられるのは仕方ないとして、好き勝手な方向へ行こうとするのを引き戻《もど》して真っ直《す》ぐに歩かせるのに⑥大汗《おおあせ》をかく。

しかも大型犬である。生後三ヶ月から五ヶ月あたりの成長ぶりは凄《すご》かった。朝起きてきて犬を見ると、ひと晩でぐぐっとひと回りも大きくなっているような気がする。このまま成長しつづけ、人間の中学生ほどの大きさのあるこんなわがまま勝手な生き物と十年も十五年も同居《どうきょ》しつづけるのかと、げんなりする瞬間《しゅんかん》もないではなかった。

（松浦寿輝《まつうらひさき》「犬と暮《く》らす」）

＊干渉…他人のことに立ち入り、指図をしたり妨害《ぼうがい》したりすること。

(1) ――線①「散歩に連れてゆくのもただ面倒なだけだった」という小学校時代の犬への印象に対して、もともと猫好きな筆者は猫をどんな性質《せいしつ》の生き物だと見ていますか。本文中から四字でぬき出して答えなさい。（5点）

(2) ――線②「犬の方もわたしのことが好きではなかった」とありますが、犬がわたしの言うことを聞かなかった原《げん》因《いん》として考えられる部分を、「……こと。」につながる形で本文中から十五字でぬき出して答えなさい。（10点）

こと。

(3) ――線③「頑《かたく》なに自己規定して」とありますが、このような行動をとる人の気質を表す表現《ひょうげん》を、本文中から五字でぬき出して答えなさい。（10点）

(4) ――線④「自分の知らなかった楽しみ」とありますが、これはどんなことから得られる楽しみですか。解答《かいとう》らんにしたがい、本文中の言葉を使って六字で答えなさい。（10点）

から得られる楽しみ。

(5) ――線⑤「やめておけばよかったかな」とありますが、これと同じような筆者の気持ちを表す部分を、本文中から六字でぬき出して答えなさい。（10点）

発てん
(6) ――線⑥「大汗をかく」とありますが、この言葉から読み取れる、犬のしつけに対する筆者の気持ちを次のようにまとめた場合、□にあてはまる言葉を本文中の言葉を使って十字以内で答えなさい。（10点）

□という気持ち。

（日本大中―改）

28 詩を読む

（　月　日）

学習内容とねらい

詩にこめられた主題や作者の感動、えがかれた情景《じょうけい》などを味わいましょう。また、表現上《ひょうげんじょう》の工夫《くふう》にも注意しましょう。

標準クラス

1 次の詩を読んで、あとの問いに答えなさい。

娘《むすめ》に　　征矢泰子《そややすこ》

①ここからみると
②おまえはひとくきのはなのようだ
そだつことにひとかけらのうたがいもなく
ときどきはこっそり　せのびさえしたくせに
いまさら
ふくらみはじめたわれとわがはなびらに
とまどってじれている
□ひとくきのはなのようだ
いつしか③うしろをふりむくことをしって
もういちど　すべてのはじまるあのひとつぶのたねに
もどってみたくていらだっている
おまえはここからみると
あめのなかでゆれている
とほうにくれたういういしい
ひとくきのはなのようだ
さくことへのふくらみの④うつくしさが
まるでざんこくなばつのようにさえみえるほど
まあたらしいひとくきの
はなのようだ

(1) この詩の種類として最も適切《てきせつ》なものを次から選び、記号で答えなさい。

ア 文語自由詩　イ 文語定型詩
ウ 口語自由詩　エ 口語定型詩

（　　）

(2) ——線①「ここからみると」とありますが、どのようなところからみているのですか。答えとなる次の文の□にあてはまる言葉を、漢字一字で答えなさい。

・□の視点《してん》からみている。

□

(3) ——線②「おまえはひとくきのはなのようだ」とありますが、これについて、次の①・②の問いに答えなさい。

① これはどのようなことを例えていますか。最も適切なものを次から選び、記号で答えなさい。

ア 花が開くように今まさに成熟《せいじゅく》に向かっている様子。

イ 美しく気品にあふれて笑顔《えがお》をふりまく様子。

ウ ゆっくりと成長し、人知れず大人になっていた様子。

エ 周囲にその美しさを賞賛《しょうさん》され、祝福されている様子。

オ だれにもたよらず、自分ひとりの力で孤独《こどく》にたえている様子。

（　　）

② 「ひとくきのはな」の、けがれのない清純《せいじゅん》な様子を最もよく表している言葉を、詩の中から六字でぬき出して答えなさい。

□□□□□□

(4) 詩の中の□にあてはまる言葉を次から選び、記号で答えなさい。

ア かんちがいな　イ おせっかいな

ウ こどくな　エ ひとさわがせな

オ あまのじゃくな

（　　）

(5) ——線③「うしろふりむく」とは、具体的にどうすることですか。次から選び、記号で答えなさい。

ア 自分のしたことを反省すること。

イ おさなかった自分にもどりたいと思うこと。

ウ 自分の生まれる前の時代をなつかしむこと。

エ 自分の両親や祖先《そせん》の存在《そんざい》を思うこと。

オ 過去《かこ》のできごとをぼんやりと回想すること。

（　　）

発てん

(6) ——線④「うつくしさが／まるでざんこくなばつのようにさえみえるほど」とありますが、それはなぜですか。次から選び、記号で答えなさい。

ア 美しくなることは、同時にほかの人をきずつけ、自分も悲しい思いをすることであるから。

イ そこには美しさのちょう点があり、もうかれていくしかない人生の衰退《すいたい》が待っているから。

ウ 美しさは、迷《まよ》いやうたがいのない以前の状態《じょうたい》には二度ともどれない成長のあかしであるから。

エ 美しさが冷たい印象をあたえるため、人から敬遠《けいえん》されてひとりぼっちになっていくから。

オ 美しい花は、雨や風にもたえなければならない運命を持っていてかわいそうだから。

（　　）

(7) この詩の表現《ひょうげん》の特ちょうについて述《の》べた文として最も適切なものを次から選び、記号で答えなさい。

ア さまざまな比喩《ひゆ》表現を使い、げん想的なふん囲気をかもし出している。

イ 詩の素材《そざい》を、思いをまじえず客観的にえがいている。

ウ 同じ句《く》をくり返すことで、理論的《りろんてき》な印象を与《あた》えている。

エ 音のひびきのやわらかさが、愛情《あいじょう》ある視線を物語っている。

オ やさしい言葉づかいで、社会的なテーマを分かりやすく伝えている。

（　　）

〈共立女子中—改〉

時間 30分　合格点 70点　得点　点　（　月　日）

1 次の詩と文章を読んで、あとの問いに答えなさい。

紙風船　　黒田三郎《くろださぶろう》

落ちてきたら
今度は
もっと高く
もっともっと高く
何度でも
①打ち上げよう
美しい
願いごとのように

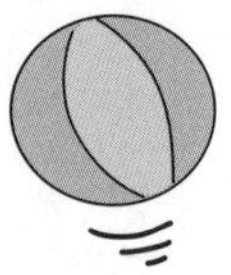

よく知られている詩ですが、私《わたし》はなぜか、②この詩の第一行〈落ちてきたら〉に惹《ひ》かれます。紙風船にもそれ自身の重さがあり、打ち上げられて、ある高さまで達すると落ちてくることを知らされるからです。同じように、私たちの打ち上げる願いごともまた、それ自身の重さのために落ちてきます。私たちの日常《にちじょう》をふりかえってみれば気付くように、人は希望を追い求めながらたえず障害《しょうがい》に＊阻《はば》まれて＊挫折《ざせつ》し、ときに＊放棄《ほうき》しそうになります。それが落下に当たるでしょう。希望を打ち上げるということは③その落下とのたたかいみたいなものです。

〈落ちてきたら〉という一行は、そうした内容《ないよう》をすべて＊包《ほう》含《がん》して静かに支《ささ》えています。この詩は、紙風船のイメージの中に＊交互《こうご》に働く、打ち上げの力（人間の意志《いし》）と、それにさからう落下の力（物理的な自然法則《ほうそく》）を同時に感じさせます。希望はたった一度打ち上げただけでこちらの望み通りになるものではなく、希望自身の重さで（大きさに比例《ひれい》して重く）落ちてくるということ、希望と落下が一つの取り合わせであって別々のものでないことを語っているのではないでしょうか。

（吉野《よしの》弘《ひろし》「詩の楽しみ」）

＊阻まれる…行く手をじゃまされる。
＊挫折…途中《とちゅう》でだめになること。くじけること。
＊放棄…投げ出すこと。放っておくこと。
＊包含…内に含《ふく》むこと。
＊交互…かわるがわる。たがいちがい。

(1) 「紙風船」の詩の用語、形式、内容による分類として、最も適切《てきせつ》なものを次からそれぞれ選び、記号で答えなさい。（15点・一つ5点）

① 用語……**ア** 文語詩　**イ** 口語詩　**ウ** 散文詩
② 形式……**ア** 定型詩　**イ** 自由詩　**ウ** 散文詩
③ 内容……**ア** 叙情詩《じょじょう》　**イ** 叙景詩　**ウ** 叙事詩

(2)「紙風船」の詩は、もともと前半と後半の二つの部分に分かれています。どこで分かれるかを考え、後半の初めの一行をぬき出して答えなさい。(15点)

(　　　　)

(3) ――線①「打ち上げよう」とありますが、打ち上げるものとして二つのものが考えられます。それぞれ五字以内でぬき出して答えなさい。(20点・一つ10点)

①(　　)②(　　)③(　　)

発てん
(4) ――線②「この詩の第一行〈落ちてきたら〉に惹かれます」とありますが、それをきっかけに、解説文《かいせつぶん》の作者が「紙風船」の詩から感じているものを二つ、それぞれ十字以上十五字以内でぬき出して答えなさい。(10点・一つ5点)

(5) ――線③「その落下」とは、具体的にどういうことを表していますか。解説中の言葉を使って、四十字以内で説明しなさい。(15点)

(6)「紙風船」の詩で使われている表現技法《ひょうげんぎほう》を次から選び、記号で答えなさい。(10点)

ア 擬人法《ぎじんほう》　**イ** 体言止め
ウ 倒置法《とうち》　**エ** 対句法《ついく》

(　　　　)

(7) 解説文の作者は、「紙風船」の詩の主題をどのようにとらえていますか。最も適切なものを次から選び、記号で答えなさい。(15点)

ア 希望は、障害によって結局挫折してしまうものであるから、あまり高望みはしないほうがよい。

イ 希望は、高くかかげれば高くかかげるほど「やる気」が生まれるから、常《つね》に高くかかげなければならない。

ウ 希望は、いつも自分の能力《のうりょく》に合った分相応《ぶんそうおう》のものをかかげなくては、現実味《げんじつみ》がなくなって夢物語《ゆめものがたり》になってしまう。

エ 希望は、たやすくかなえられるものではなく、常に挫折とのたたかいの中に存在《そんざい》するのである。

〈共栄学園中―改〉

(　　　　)

29　短歌・俳《はい》句《く》を読む

（　月　日）

学習内容とねらい

作品にこめられた作者の思いをしっかりと読み取りましょう。また、短歌・俳句それぞれの形式や表現《ひょうげん》技法《ぎほう》、えがかれた情景《じょうけい》などに注意しましょう。

標準クラス

1 次の文章を読んで、あとの問いに答えなさい。（短歌は昔の仮名《かな》づかいで書かれているので、現代《げんだい》の読み方を右側につけました。また、設問《せつもん》の都合上、一部表現を変えた箇所《かしょ》があります。）

子どもを育てるには多大なエネルギーが要《い》る。かわいがって身の回りの世話をするだけでも大変だが、きちんと叱《しか》らなければならないからである。

A　ああいやな声が出ると思いつつ子を叱る＊夕餉《ゆうげ》のときにいつも　前田康子《まえだやすこ》

だいたいにおいて母親は損《そん》な役回りである。おおかたの父親は、子どもと過《す》ごす時間が少ないから、叱る機会そのものが少ない。だから、「ニンジンも食べなさいよ」「ほらほら、こぼさない！」などというこまごました指示《しじ》は母親が受け持つことになる。「いいじゃないの、少しくらいこぼしたって」なんて言うのは簡単《かんたん》だが、それでは子どもはいつまでも不注意な食べ方をすることになる。［Ⅰ］

この歌を読むと笑いを誘《さそ》われつつ、苦い思いも味わう。「いやな声」は、おそらく子どもを育てなければ出なかった声である。夫と二人の生活であれば、恋人《こいびと》同士の延長《えんちょう》で甘《あま》い声で言い続けることができる。けれども、育児をある程度《ていど》受け持てば、子どもを叱らなければならない。それもたいていは些細《ささい》な事柄《ことがら》についてなのだ。「どうして私《わたし》ばかりがいつも叱る役なのか」という夫への不満もあるだろうし、「母親という大変なものになってしまったのだなあ」という後戻《あともど》りできないことへの複雑《ふくざつ》な思いもあるだろう。

ふと口をついて出たような「ああ」で始まる構成《こうせい》、「夕餉のときに」「いつも」と［Ⅱ］は、作者の深い疲《つか》れとかなしみをよく表している。

B　さうぢや《（ソウジャ）》ない（ア）心に叫《さけ》び（イ）中年の（ウ）体重をかけて（エ）子の頰《ほお》打てり　小島《こじま》ゆかり

母親が子どもの頰を叩《たた》く。憎《にく》くて叩くのではない。「これだけは伝えたい」という思いがあるからだ。その必死な姿《すがた》は美しい。しかし、作者は「中年の体重をかけて」という表現で、あえて①美化しない方向へもっていった。むしろ、ぶざまな自分の姿を強調した迫力《はくりょく》がある。
ここで頬を叩かれた子どもはどうやら②難《むずか》しい年頃《としごろ》らしい。幼《おさな》い子ではないことは「体重をかけ」なければいけないことから分かる。そして作者の歌集を読むと、この歌と同じ一連に「反抗期《はんこうき》の子はぎしぎしと揺《ゆ》らぐ楡《にれ》　千年のちもおま(エ)へを愛す」という歌が収《おさ》められている。思春期という嵐《あらし》に揺れるほっそりとした木を、「千年のちも」という大きな愛情《あいじょう》をもって見つめるまなざしが印象的だ。この強い愛情なしに、「子の頬打てり」はあり得ない。

（松村由利子《まつむらゆりこ》「物語のはじまり」）

＊夕餉…夕食。

(1) Aの短歌で使われている表現技法《ぎほう》を次から選び、記号で答えなさい。

ア 擬人法《ぎじんほう》　**イ** 体言止め

ウ 倒置法《とうち》　**エ** 対句法《ついく》

（　　）

(2) [I]にあてはめるのに最も適切《てきせつ》なものを次から選び、記号で答えなさい。

ア 叱るだけでは子どもは育たないのである。

イ 子どもは叱られて育つのである。

ウ 子どもは叱られるのを待っているのである。

エ 母親は叱りたくて叱っているのではない。

（　　）

(3) [II]にあてはめるのに最も適切なものを次から選び、記号で答えなさい。

ア ゆったりと重々しい口調

イ リズミカルではずむような口調

ウ さらさらと流れるような口調

エ ぽつりぽつりと切れるような口調

（　　）

(4) Bの短歌の途中《とちゅう》には、もともとは一文字分の空白があります。その空白は（ア）～（エ）のどこにあるのが最も適切ですか。記号で答えなさい。

（　　）

発てん

(5) ――線①「美化しない方向」とありますが、何を美化しないというのですか。本文中の言葉を使って、二十字以内で答えなさい。

(6) ――線②「難しい年頃」とありますが、その年頃を表している言葉を二つ、それぞれ本文中から五字以内でぬき出して答えなさい。

（田園調布学園中―改）

時間	合格点	得点
30分	70点	点

（　月　日）

1 次の俳句《はいく》と解説文《かいせつぶん》を読んで、あとの問いに答えなさい。

A　荒海《あらうみ》や佐渡《さど》に横たふ ①天の川

松尾芭蕉《まつおばしょう》の有名な一句です。目の前には、激《はげ》しく波打つ荒々しい海が広がり、その向こうに佐渡島《さどがしま》が見えています。空に目を転じると、天の川が横たわるようにかかっています。雄大《ゆうだい》な風景ですね。

天の川は、季節を表す言葉です。このように俳句の中にある季節を表す言葉を［a］と呼《よ》びます。［a］を一つ詠《よ》みこむのは、俳句を読む上での決まりの一つです。

俳句にはもう一つ、大切な決まりがあります。［b］のリズムで詠むということです。冒頭《ぼうとう》の俳句のリズムを調べてみましょう。［b］になっていることが分かりますね。

この句は、「荒海や」のあとで句切れています。「荒海や」の「や」は、［c］と呼ばれ、作者の感動がこめられています。［c］には、ほかに「かな」や「けり」があります。

松尾芭蕉は、江戸《えど》時代の有名な俳人です。日本の各地を旅しながら、多くの句を詠み、俳句の芸術性《げいじゅつせい》を高めたと言われています。松尾芭蕉の作品には、ほかにも次のようなものがあります。

B　あらとうと青葉若葉《わかば》の日の光

C　初時雨《しぐれ》猿《さる》も小蓑《こみの》をほしげなり

D　草の戸も住替《すみかわ》る代ぞ＊雛《ひな》の家

E　君火をたけよき物見せん＊雪丸《まろ》げ

＊雛の家…雛人形を飾《かざ》っている家。

＊雪丸げ…雪を転がして大きな玉にする遊び。また、そうしてできた雪の玉。

(1) 本文中の［a］にあてはまる言葉を、漢字二字で答えなさい。(10点)

［　　］

(2) 本文中の［b］にあてはまるものを次の中から選び、記号で答えなさい。(5点)

ア 三・六・三　イ 五・七・五

ウ 五・五・七　エ 五・七・五・七・七

（　　）

(3) 本文中の［c］にあてはまる言葉を次の中から選び、記号で答えなさい。(5点)

ア 切れ字　イ 序詞《じょことば》

ウ 枕詞《まくらことば》　エ 縁語《えんご》

（　　）

(4) ——線①「天の川」について、次の①・②の問いに答えなさい。(20点・一つ10点)

① 「天の川」のように、句の終わりに名詞《めいし》をおく表現技《ひょうげんぎ》法《ほう》を何と呼びますか。四字で答えなさい。

② B〜Eの俳句の中で、句の終わりに名詞をおいていないものが一句だけあります。それは、どの句ですか。記号で答えなさい。(　　)

(5) A〜Eの俳句が詠まれた季節として最も適切《てきせつ》なものを、次からそれぞれ一つずつ選び、記号で答えなさい。同じ記号を二回使うこともあります。(20点・一つ4点)

ア 春　**イ** 夏　**ウ** 秋　**エ** 冬

A(　　) B(　　) C(　　) D(　　) E(　　)

(6) A〜Eの俳句の中から字余《じあま》りの句を一つ選び、記号で答えなさい。(10点)(　　)

(7) Bの俳句の中から、作者が自分の感動を直接《ちょくせつ》表現しているる部分を、五字以内でぬき出して答えなさい。(10点)

(8) 次の文章は、Cの俳句について述《の》べたものです。これを読んで、あとの①・②の問いに答えなさい。(10点・一つ5点)

旅の途中《とちゅう》、今年初めての[d]が降《ふ》ってきた。冷たい雨に濡《ぬ》れてはいけないと、②作者は蓑を身につける。ふと見ると、木の上で猿が寒そうな様子でふるえている。きっと猿も小蓑がほしいことであろう。

① 文章中の[d]にあてはまる言葉を、Cの俳句の中から二字でぬき出して答えなさい。

② ——線②「作者は蓑を身につける」とありますが、作者が蓑を身につけたことは、Cの俳句の中のある助詞によって想像《そうぞう》できます。その助詞を、Cの俳句の中からぬき出して答えなさい。(　　)

発てん
(9) Eの俳句から感じられる作者の気持ちとして最も適切なものを次から選び、記号で答えなさい。(10点)

ア 静かで孤独《こどく》な今の生活を愛する気持ち。
イ きびしい季節をなんとか生きぬこうとする気持ち。
ウ 知人のおとずれを喜び、あたたかくむかえる気持ち。
エ 身近にせまった実りの時期を待ち望む気持ち。

(　　)

〈多摩大附属聖ヶ丘中—改〉

チャレンジテスト⑨

時間 30分　合格点 70点　得点 　点

（　月　日）

1 次の詩は、水泳の飛び込《こ》みの選手を詠《よ》んだものです。これを読んで、あとの問いに答えなさい。

①花のように雲たちの衣装《いしょう》が開く
水の反射《はんしゃ》が
あなたの裸体《らたい》に縞《しま》をつける
あなたは遂《つい》に飛びだした
筋肉《きんにく》の翅《はね》で
②日に焦《こ》げた小さい蜂《はち》よ
あなたは花に向かって落ち
つき刺《さ》さるようにもぐりこんだ
※やがて　あちらの花のかげから
あなたは出てくる
液体《えきたい》に濡《ぬ》れて
③さも重たそうに

（村野四郎《むらのしろう》「体操詩集《たいそうししゅう》」より）

(1) この詩の種類として最も適切《てきせつ》なものを次から選び、記号で答えなさい。(10点)

ア 文語定型詩　イ 口語定型詩
ウ 文語自由詩　エ 口語自由詩

（　　）

発てん (2) ――線①「花のように雲たちの衣装が開く」とありますが、これはどのような情景《じょうけい》を表現《ひょうげん》したものですか。最も適切なものを次から選び、記号で答えなさい。(15点)

ア ゆうゆうと雲が流れて行く、そのさまざまに変化する形が、まるで衣服の花もようのようだということ。
イ 大空を流れる雲がプールの水にうつっている。それが衣服の花もようのように美しいということ。
ウ 飛び込みの選手が今高々とちょうやくしようとしている。その選手のすがたが、わき上がる雲のようだということ。
エ 夏のプールの上に雨雲が顔を出してきた。それがまるで水色の布地《ぬのじ》にえがいた大輪の花のようだということ。

（　　）

(3) ――線②「日に焦げた小さい蜂よ」とありますが、これはどのような情景を表現したものですか。最も適切なものを次から選び、記号で答えなさい。(15点)

ア 真っ黒に日焼けしている選手のすがたが、力強い蜂のようだということ。
イ 選手の周りを飛んでいた蜂も選手といっしょに飛び込んでいくということ。
ウ 大きなプールに対して人間のすがたが、まるで小さな蜂のようだということ。

エ おそれることなく飛び込んでいく勇気あるすがたが、えものに向かう蜂のようだということ。

オ 水面に向かって飛び込む速さが、花に飛び込んでいく蜂のように速いということ。

(4) ※印の部分について、次の①・②の問いに答えなさい。

① ※印の部分で使われている表現技法《ぎほう》を次から選び、記号で答えなさい。(15点)

ア 擬人法《ぎじんほう》　**イ** 対句法《ついく》　**ウ** 倒置法《とうち》　**エ** 体言止め

(　　)

② ※印の部分で使われている表現技法と同じ表現技法が使われている連続した二行を詩の中からぬき出して答えなさい。(15点)

(　　)

(5) ――線③「さも重たそうに」とありますが、飛び込みの選手はなぜ「さも重たそうに」見えるのですか。次から選び、記号で答えなさい。(15点)

ア 終わってしまったというむなしさにおそわれているから。

イ 頭から水に濡れ、体全体が重くなっているから。

ウ 空中・水中という重力を感じない世界から、重力に逆《さか》らって立つ世界にもどってきたから。

エ もう一度飛び込まなければならず、つかれに打ちのめされているから。

(　　)

発てん

(6) この詩について四人の生徒が話し合っています。最も内容《ないよう》を正確《せいかく》につかんでいる生徒を一人選び、A～Dの記号で答えなさい。(15点)

Aさん わき上がる雲、飛び散る水しぶきといったものが細部まで表現され、夏の暑い一日をよく伝えている詩だと思います。

Bさん 擬人法が多用されていて、選手の大会にのぞむ緊張感《きんちょうかん》や興奮《こうふん》が理解《りかい》できる詩だと思いました。

Cさん たとえが効果的《こうかてき》に使われていて、選手のやく動感やさわやかさが伝わってくる詩だと思いました。

Dさん 夏休みの一日をプールで楽しく遊んでいる子どもたちの様子が、そのかん声までふくめて伝わってくるような詩だと思います。

(　　)

〔西武学園文理中―改〕

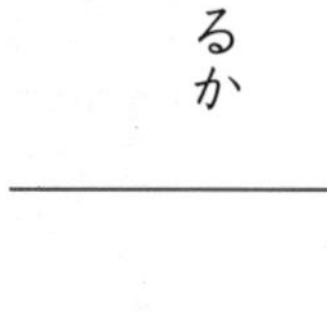

仕上げテスト 1

1 次の文章を読んで、あとの問いに答えなさい。

この村という組織《そしき》が長い歴史の中でかたちづくられてきたことはいうまでもないが、さて、それでは共同体というものがどのようなつくられかたをしてきたのか、それを簡《かん》単《たん》に論《ろん》ずることはむずかしい。村の中での慣習《かんしゅう》をみながまもってきたから組織が運営《うんえい》できたことはいうまでもないし、村の成員が暗黙《あんもく》の合意のもとに生活してきたことも事実である。

しかし、みなが合意してきたからといっても、ここでいう「みな」がタンポポの群落《ぐんらく》のように自然にただ存在《そんざい》しているわけではない。①人間という動物はタンポポのように単《たん》純《じゅん》ではないのである。なによりも、*きだ・みのるがかつて*秩父《ちちぶ》の山村で観察した「村のおきて」や慣行の実行にはどうしても群《む》れを統率《とうそつ》する人間が必要だ。いや、霊長類《れいちょうるい》の研究者たちのこれまでの研究によると日本ザルの段階《だんかい》ですら、リーダーないしはボスという一匹《いっぴき》のサルがいて、そのサルが群れを統率しているらしいことがわかった。

ましてや、人間の場合にはさらに知恵《ちえ》も技術《ぎじゅつ》もあるし、感情《かんじょう》というものも持っている。どうしても、そこでは村としての決断《けつだん》をくだす個人《こじん》が必要だ。合意を形成してゆくにあたっても、ひとりひとりの意見に耳をかたむけてそれをとりまとめる人物が不可欠《ふかけつ》だし、対立する人間たちのあいだにはいって調停役にまわる人もいなければならない。別なことばで言うなら、②どんなに小さな集団であってもそこには「組織」と「組織者」が要求されるのだ。

わたしはむかし、ミクロネシアやポリネシアの村で勉強したことがある。小さな島で人口も数百人、といったようなところでもかならず「*酋長《しゅうちょう》」という名の人物がいて、たいていのことは酋長の裁断《さいだん》にまかせ、部族の人たちはそれにしたがうのが習慣であった。いまでもおそらくそうだろう。もとより、酋長がすべてをひとりの独裁《どくさい》でおこなう、というわけではない。村、あるいは部族の中には酋長の相談役になるような長老会議のようなものがあったり、また地域《ちいき》ごとの代表者が集まって酋長を助けたりしている。わたしのような第三者にその村への滞在《たいざい》をゆるすかどうかも酋長が決めるし、どの家に泊《と》まらせるかも酋長が決める。

――中略《ちゅうりゃく》――

わたしの知っているアフリカの専門家《せんもんか》などに聞いてみると、多くの人が「③未開社会」としてとらえている*サバンナの遊牧民のあいだでもそれぞれの部族にはリーダーがいる。リーダーだけでなく、その補佐役《ほさやく》もいるし、かれらが活動するときの分業体制《たいせい》もととのっている。そして、アフリカだけでなく、多くの「未開社会」を主題にした人類学の書物や文献《ぶんけん》を読んでみても、とにかく人間のいるところ、かならず「組織」があることがわかる。それらは④われわれの基準《きじゅん》からみるとあまりにも素朴《そぼく》であったり、あまりにもふしぎに見えたりすることもある。しかし、どんなにふしぎに見えても、それらは人類というわれら動物たちがつくった「組織」であることにかわりはない。⑤日本の村もその例外ではないのである。

（加藤秀俊《かとうひでとし》「人生にとって組織とはなにか」）

＊きだ・みのる…作家。
＊秩父…埼玉《さいたま》県内の地域。
＊酋長…部族のリーダー。
＊サバンナ…熱帯地方に広がる草原。

(1) ――線①「人間という動物はタンポポのように単純ではない」とありますが、筆者は人間とタンポポのちがいはどのようなものだと述《の》べていますか。次のように説明するとき、Ⅰ・Ⅱにあてはまる言葉を、それぞれ本文中からⅠは十一字、Ⅱは二字でぬき出して答えなさい。（20点・一つ10点）

タンポポはⅠのに対して、人間はⅡを作って社会的な生活をしているというちがい。

Ⅰ □□□□□□□□□□□
Ⅱ □□

(2) ――線②「どんなに小さな集団であっても……要求される」とありますが、これと同じ意味の部分を本文中から二十字以内でさがし、初めと終わりの五字を答えなさい。（20点）

□□□□□～□□□□□

(3) ――線③「未開社会」に「」をつけた表現《ひょうげん》の説明として最も適切《てきせつ》なものを次から選び、記号で答えなさい。（20点）

ア 人間の文明の発達のとちゅうで消えつつある貴重《きちょう》な社会であることを示《しめ》している。
イ 現代《げんだい》文明に毒されていない豊《ゆた》かな自然を持つ社会へのあこがれを表している。
ウ 文明のおくれた特殊《とくしゅ》な社会としてイメージされがちであることを示している。
エ サバンナの生活を印象的に理解《りかい》しやすく表現しようという心配りを示している。

（　　）

(4) ――線④「われわれの……ふしぎに見えたりする」とありますが、そのようなものの具体例が書かれた一文を本文中からさがし、初めの五字を答えなさい。（20点）

□□□□□

(5) ――線⑤「日本の村もその例外ではない」の説明として最も適切なものを次から選び、記号で答えなさい。（20点）

ア 日本の村の組織にはわたしたちには理解できないようなものがある。
イ 日本にも未開社会独特の組織としての村があった。
ウ 日本の村には今もふしぎな組織が残っている。
エ 日本においては村落共同体という組織をかたちづくってきた。

（　　）

〔昭和学院秀英中―改〕

仕上げテスト 2

1 次の文章を読んで、あとの問いに答えなさい。

「わたし」は、弟の信次郎《しんじろう》、いとこのみな子といっしょに、滝《たき》を見に行くことになった。以前、「わたし」と信次郎の二人だけでその滝を見に行ったときには、蛇《へび》が現《あらわ》れ、「わたし」はこわい思いをしていた。

A「蛇が出るの？」

B「出るのよ。すごく長いのが」

いいながら、わたしは快感《かいかん》をおぼえた。

C「そんなこと信ちゃん、いわなかったわ」

みな子は草の中で突《つ》っ立っていた。

D「一匹《いっぴき》小さいのが、にょろっと出ただけだよ」

E「出たの！　ああ、出たんじゃないの！」

わたしはみな子の顔をみているうちに、ますます気分がよくなってきた。

F「その蛇、わたしの足もとににょろにょろっと出てきたのよ。青い色をしてて、灰色《はいいろ》みたいな斑点《はんてん》があったわ」

G「うそだよ。まだらの蛇なんていやしないもんか」

H「だってみたんだもの。足もとなのよ、蛇は」

みな子は震《ふる》えだした。

「せっかく来たんだ」と、信次郎。

「行きましょう。大丈夫《だいじょうぶ》。わたしがみつけたら、石を投げてやるわ」

①不思議なことだが、本当にわたしはそれができるような気がした。みな子がおそろしがっているあいだは、わたしは蛇をそんなにこわがらないでいられるような気がした。

②わたしはずいぶん意地の悪い女の子になっていた。

——中略《ちゅうりゃく》——

「蛇はどのあたりから出たの」とみな子が大きな声で訊《き》く。

みな子はそうしていても気が気でないようだった。

「むこうよ」

指でさしてみせると、みな子はじっと目で追っている。わたしはそんなみな子の柔《やわ》らかそうな髪《かみ》の毛《け》と、すこしも日に焼けない人形のように白い横顔を見た。それから、じぶんの硬《かた》くて黒い頭髪《とうはつ》とすこしも女の子らしくない黒い顔のことをおもったのである。

——中略——

蛇が出たのは帰りがけだった。滝から離《はな》れて石を飛んでもとの降《お》り口にもどった。草のあいだからすべり出てきた蛇は、わたしとみな子の前を横切った。

みな子はさけばなかった。彼女《かのじょ》はしんと硬直《こうちょく》したのだ。わたしの腕《うで》を無言でしっかりつかんでいた。

「大丈夫」

わたしはうなずいた。そのくせ、なにが大丈夫なのか、じっとふたりで立ったままだった。蛇は何色とはひとくちにい

時間 30分　合格点 70点　得点　点

（　月　日）

えないような色をしていた。青いようで、黒味がかって、しかも灰色みたいな色をしていた。斑点などはどこにもない。その気味の悪い青と黒と灰色の混合色《こんごうしょく》が、③にょろにょろと動いた。わたしはぞくっと身震《みぶる》いした。そして④じぶんの足がとても遠い遠いところで蛇めがけて一個《いっこ》の小石をけとばすのをみた。Sの字が反転しまた反転し土の上で尻尾《しっぽ》を叩《たた》き石の上を滑《すべ》らせて、ひらひら光りながら草の中へかくれこんで行った。

（村田喜代子《むらたきよこ》「鍋《なべ》の中」）

(1) ――線A～Hの会話のうち、信次郎が話したものを二つ選び、記号で答えなさい。（20点・一つ10点）

（　・　）

(2) ――線①「不思議なこと」とありますが、どんなことを「不思議」だと感じているのですか。本文中の言葉を使って、四十五字以内で説明しなさい。（20点）

(3) ――線②「わたしはずいぶん意地の悪い女の子になっていた」について、「わたし」がみな子にいだいている気持ちを「優越感《ゆうえつかん》」と「劣等感《れっとうかん》」という言葉を使って、七十五字以内で説明しなさい。（30点）

(4) ――線③「にょろにょろと動いた」と同じような蛇の動きを別の言い方で表現《ひょうげん》している部分を、本文中から十二字でぬき出して答えなさい。（10点）

(5) ――線④「じぶんの足が……小石をけとばすのをみた」とありますが、このときの「わたし」の気持ちとして最も適切《てきせつ》なものを次から選び、記号で答えなさい。（20点）

ア 石をけるというだいたんな行動を、自分でも信じられないほど落ちついて見ることのできる気持ち。

イ けった石が蛇に命中するというぐうぜんを信じられないと思いながら、喜びをかみしめる気持ち。

ウ 蛇をこわがっている気持ちとは別のところで、石をけってしまうほど蛇にいかりを感じている気持ち。

エ 蛇に向かって石をけったという自分の行動を、自分でも信じられずにおどろいている気持ち。

（　）

（春日部共栄中―改）

仕上げテスト 3

時間 40分　合格点 70点　得点　点　月　日

1 次の文章を読んで、あとの問いに答えなさい。

信州・八ヶ岳《やつがたけ》のふもとに山荘《さんそう》を建てて二十七年になります。数年前のある日、ふといたずら心で、山荘での四季を「八ヶ岳山居」という題で、俳句《はいく》につくってみました。句の数は一四句。一句一句は独立《どくりつ》した句ですが、一四句全体で、山荘の森に流れる時間をうたってみたものです。

——中略《ちゅうりゃく》——

森には、とても信じられないような不思議なことが起こります。

冬のある晩《ばん》のことです。深夜、トイレをすませてベッドにもどるとき、暗がりのなかでちょっとカーテンを開けて外を見ました。あのカラマツの大木が、枝《えだ》という枝に星をきらめかせていました。まるで空の星が降《ふ》ってきて枝々を輝《かがや》かせているみたいです。荘厳《そうごん》で神聖《しんせい》な、こういう時を、森の木は生きている。そう思うと、厳粛《げんしゅく》な気持ちにひたされて、ぼくは寒さを忘《わす》れて立ちつくしていました。①秋のうちに葉を落としつくした細い枝々の先にまで、枝という枝に星が輝いているのです。風ひとつない晴れ渡《わた》った夜空を背景《はいけい》にして、天をさしてまっすぐに立って光る木が、青白い雪の上にそびえていました。月明かりのない漆黒《しっこく》の夜空が、ふつうの夜の何十倍何百倍もの星を出現《しゅつげん》させ、眼前《がんぜん》の木を光り輝かせていたのでした。（　1　）は、森の美しい怪異《かいい》（不思議であやしいこと）とも言うべき、この世ならぬその光景の、ほんのひとかけらをうたったにすぎません。

山の夜は、月も星もない夜、雪明かりもない季節には、ずっしり重くかぶさってきます。鼻先に手をもっていっても、何一つ見えません。（　2　）は、そういう「［A］」のことです。自分の鼻に触《ふ》れてはじめて、そこに手があることを知ります。②そのなかでは、自分が文明人であることを忘れさせられます。原初の野生、［I］裸《はだか》の生命が、ぼくのなかにうごめきます。山の森は、ぼくたちから人間（文明人）を剥《は》ぎとってゆく怪異の力を持っているようです。

雨あがりに、バルコニーに椅子《いす》を出して、手すり越《ご》しの枝をながめていたときのことです。細い枝がさっきまでの雨に濡《ぬ》れていました。見ていると枝を伝う雨水が、ゆっくり、じつにゆっくりと枝先にあつまって、一瞬《いっしゅん》、細枝の先に水玉をつくりました。雲間から射《さ》しはじめた太陽の光が、水玉に当たり、水玉から四方八方に光の矢を放ち、あっと息をのむ間もなく水玉が揺《ゆ》れて落ちました。と、また枝先へ水が伝ってきます。枝先に顔を寄《よ》せて見ていると、しばらくしてまた水玉が生まれ、光の矢を放ち、つぎの瞬間落ちてゆきます。

何時間見ていたのか、気がつくと水玉の放つ光の矢がうすれ、日が暮《く》れかけていました。枝先から目をはなし、ほっと息をついたものです。森の呪縛《じゅばく》（まじないで動けなくすること）にかかっていたのかもしれませんが、（　３　）は、ぼくをつかまえた美しい怪異でした。東京の家の庭でも、その気になれば同じように水玉の光の矢を見ることはできるはずです。［Ⅱ］、それはただ美しいだけであろうという気がします。③山の森でなければ、美しい怪異はあらわれないと思います。

　雪がとけて春になると、やがて木々の芽がふくらみ、つぎつぎに若葉《わかば》をひろげます。その新緑の美しさも、毎日目にするあたりまえのことなのに、ひどく不思議な気がします。

　山荘裏《うら》、カラマツの大木とのあいだの地面に、かつてびっしりと笹《ささ》が生《お》い茂《しげ》っていました。二〇年以上、山荘に来るたび鎌《かま》で刈《か》り取り、ほかの草が茂るようにしてきました。いまでは、何十種類もの草が生え、なかには小さな花をつけるのもあります。庭園というには程遠《ほどとお》い草地ですが、放っておくとそこらじゅうからまた生え出します。それで、来るたびに刈るのですが、つぎに来るとまた出ている、その強靭《きょうじん》さ（強くしなやかなこと）。

　最後の句（　４　）に表したのは、地下茎《ちかけい》で生き続ける植物の強靭な［B］です。これにはとてもかなわないなぁという［C］のまざり合う気持ちをこめました。と同時に、この最後の句を《　５　》の句と結びつけて、「八ヶ岳山居」一四句の世界は出来上がったのです。山の森では、生と死が、おのずと一つになっているという気がします。

（高田《たかだ》　宏《ひろし》「木のことば　森のことば」）

(1) 本文中の（　１　）～（　４　）にあてはまる俳句を次からそれぞれ選び、記号で答えなさい。（20点・一つ5点）

ア 降りつづく紅葉黄葉《あかばきいば》の光かな
イ 細枝渡《わた》る雨水《うすい》玉となり光の輻《や》
ウ 伐《き》り払《はら》い伐り払いても笹生《ささお》くる
エ 草かげに黄花白花秋暮れる
オ 人間を見ぬ日重なりて魂荒《たまあ》るる
カ 星降りて落葉松《からまつ》冬枝輝《かがや》けり
キ 掌《て》かざしても指見えぬ闇《やみ》重し

1（　　）　2（　　）　3（　　）　4（　　）

(2) 本文中の［Ⅰ］・［Ⅱ］にあてはまる言葉を次から選び、記号で答えなさい。（10点・一つ5点）

ア だから　**イ** しかし
ウ たとえば　**エ** あるいは

Ⅰ（　　）　Ⅱ（　　）

(3) 本文中の［A］には、(1)の**ア**～**キ**の俳句の中の言葉があてはまります。最も適切《てきせつ》な言葉を俳句の中からぬき出して答えなさい。（10点）

（　　）

(4) 本文中の[B]にあてはまる言葉を漢字三字で答えなさい。(10点)

(5) 本文中の[C]にあてはめるのに最も適切なものを次から選び、記号で答えなさい。(5点)

ア あきらめと驚嘆《きょうたん》　**イ** 激情《げきじょう》と落胆《らくたん》
ウ 神秘《しんぴ》と戸惑《とまど》い　**エ** あこがれと安らぎ
オ 怖《おそ》れと親しみ

(　　)

(6) ――線①「秋のうちに葉を落としつくした細い枝々の先にまで、枝という枝に星が輝いているのです」とありますが、これと同じ情景《じょうけい》を、たとえを使って表現した一文を本文中からさがし、初めの五字を答えなさい。(10点)

(7) ――線②「そのなか」とありますが、なにの中ですか。「なに」にあたる内容《ないよう》を次のように答えるとき、[ア]・[イ]にあてはまる言葉を、[ア]は十一字、[イ]は三字で、本文中からぬき出して答えなさい。(10点・一つ5点)

鼻先に手をもっていっても何一つ見えないほど暗い、[ア]くる[イ]。

ア

イ

(8) ――線③「山の森でなければ、美しい怪異はあらわれない」と筆者は述《の》べていますが、それはなぜですか。「山の森」がどういうところであるかを文章から読み取って、百字以上、百二十字以内で考えて書きなさい。(20点)

(9) 本文中の《 5 》には、(1)のア～キの俳句のうちの一つがあてはまります。最も適切な俳句を選び、記号で答えなさい。(5点)

(　　)

〈日本女子大附中―改〉

ひっぱると，はずして使えます。

ハイクラステスト 小5 国語

答え

答え

1 漢字の読み

標準クラス

2～3ページ

1 ①やくえき ②さくら ③ようき ④きんせん ⑤じゅうきょ ⑥かかく ⑦えいせい ⑧ふかのう ⑨ぞうか ⑩けんてい ⑪こじん ⑫かせん

2 ①おか ②やぶ ③ふせ ④まよ ⑤あず ⑥お ⑦あば ⑧よ ⑨ゆる ⑩に ⑪そな ⑫の ⑬まね ⑭ひさ ⑮ことわ ⑯あ ⑰たがや ⑱むら

3 ①**イ** ②**カ** ③**ク** ④**コ** ⑤**キ** ⑥**ウ** ⑦**ケ** ⑧**オ** ⑨**エ** ⑩**ア**

4 (1)①なま ②き (2)①ね ②いん

5 ①**エ** ②**ケ** ③**イ** ④**カ** ⑤**キ** ⑥**オ** ⑦**コ** ⑧**ウ**

考え方

1 音訓の区別を意識《いしき》して読むようにしましょう。①の「エキ」は音読みです。また、⑫の「川」を「セン」と読む熟語《じゅくご》はめずらしいので覚えておきましょう。

2 ここで正しい送りがなを学んでおきましょう。特に⑦「暴れる」や⑮「断る」、⑱「群がる」は重要です。さらに、⑱には「群（む）れる」という訓読みがあることも覚えておきましょう。

3 音読みは、送りがながつかず、最後の文字が、「つ、ち、く、き、い、う、ん」などとなるものです。訓読みと判別《はんべつ》できるようにしておきましょう。

4 (1)①三字熟語ですが、ここでは「生の演奏」という意味で訓読みとなります。②同じ読み方の言葉として、「生糸」「生まじめ」「生一本」、などがあります。あわせて覚えておきましょう。

5 熟語の最初の文字がわかっているものから選たくしの文字をあてはめてみましょう。次に、他の二つの熟語としてあてはまるかどうかを確認《かくにん》します。

ハイクラス

4～5ページ

1 ①はんけつ ②はんが ③ひじゅう ④ひまん ⑤ひれい ⑥びひん ⑦どひょう ⑧ひょうでん ⑨ひんけつ ⑩ふくしゃ ⑪ぶっきょう ⑫ぼぜん ⑬ぼうえき ⑭へんきょく ⑮ほけんしつ

2 ①もくそく ②ほうそく ③こうりつ ④へいい ⑤ふぞく ⑥りえき ⑦たいいん ⑧せいたい ⑨だんたい ⑩おうだん ⑪ほうさく ⑫べんご ⑬よきん ⑭ゆしゅつ ⑮おうとう

3 ①**エ** ②**イ** ③**エ** ④**イ** ⑤**エ**

4 ①**イ** ②**ウ** ③**エ** ④**ア** ⑤**オ**

考え方

2 二通り以上の音読みを持つものは熟語での読み方を覚えましょう。また、⑥の「利益」には、「ご利益（りやく）」という読み方もあるので、文意から判別します。

3 ①**エ**は「ム」、それ以外はすべて「ブ」と読みます。②**イ**は「セイ」、それ以外はすべて「ショウ」と読みます。③**エ**は「ツ」、それ以外はすべて「ト」と読みます。「ツ」と読むものは少ないので、辞書で調べておくとよいでしょう。④**イ**は「バク」、それ以外はすべて「マク」と読みます。⑤**エ**は「ゾウ」、それ以外はすべて「ザツ」と読みます。

4 選たくしの漢字をあてはめてみて、熟語が完成できるか確認します。

注意

1 新しく習った漢字が、今までに習った漢字と似《に》ていることもあります。細かいところまで見て、正しく覚えましょう。

2 漢字の書き

標準クラス　6～7ページ

1 ①用件 ②清潔 ③禁止 ④大群 ⑤検査 ⑥限度 ⑦現金 ⑧効果 ⑨講義 ⑩温厚

2 ①謝 ②述 ③招 ④織 ⑤勢 ⑥退 ⑦貸 ⑧張 ⑨築 ⑩破

3 ①災 ②際 ③罪 ④賛 ⑤志 ⑥証 ⑦制 ⑧接 ⑨素 ⑩損

4 ①復・複 ②適・敵 ③帳・張 ④検・験 ⑤票・標

5 ①客観 ②後退 ③混乱

6 ①雨 ②服

7 ①氵 ②糸 ③土

考え方

1 ④「群」と「郡」、⑤「検」と「険」、⑨「義」と「議」「儀」の使い分けにも注意します。

3 三つに共通するものがすぐに見つからない場合は、まず二つについて考えてみるとよいでしょう。同じ漢字を使った熟語《じゅくご》の語い数を増《ふ》やしておくことが大切です。

4 いずれも同じ読み方で、形の似《に》ている漢字です。漢字の意味のちがいを確《たし》かめておきましょう。

5 熟語のうち、一字が反対の意味を表す字であることも手がかりとなります。①「主」↕「客」に注目してみましょう。

6 ①「梅」のつく熟語はかなり限定されるので、そこからあてはめていくとよいでしょう。

注意

2 同訓異字《どうくんいじ》は、文の意味に合うものを選びましょう。④「折る」、⑩「敗れる」などとまちがえないように注意しましょう。

7 漢字の部首を答える問題は、入試に出題されやすいので注意しましょう。

ハイクラス　8～9ページ

1 ①イ ②ア ③イ ④ウ ⑤イ ⑥イ ⑦ア ⑧イ ⑨ウ ⑩イ

2 ①公徳心 ②能動的 ③非売品 ④防寒具 ⑤安全弁 ⑥編集者 ⑦年賀状 ⑧総選挙 ⑨自画像 ⑩測候所

3 ①快い ②群がる ③退ける ④現す ⑤耕す ⑥導く ⑦志す ⑧率いる ⑨営む ⑩逆らう

4 ①迷 ②容 ③略 ④属 ⑤態 ⑥退 ⑦率 ⑧徳 ⑨任 ⑩準

5 ①興 ②講 ③財 ④質 ⑤情 ⑥制 ⑦税 ⑧属 ⑨適 ⑩徳

6 ①特 ②張 ③軽 ④柱 ⑤想

3 部首・画数・筆順

標準クラス　10～11ページ

1 ①ア ②キ ③オ ④カ ⑤ウ ⑥エ ⑦キ ⑧イ ⑨キ

2 ①ウ ②オ ③ク ④コ ⑤ケ ⑥キ ⑦ア ⑧エ ⑨カ ⑩イ

考え方

1 同音異義語《どうおんいぎご》の問題です。文意を正しくとらえて、選びましょう。

2 ①は、公衆道徳《こうしゅうどうとく》を守る心、⑩は気象観測《きしょうかんそく》を行う所です。三字熟語は、二字熟語＋一字の構成《こうせい》になっているものも多いので、意味の切れ目を考えて答えましょう。

3 いずれもよく出題される送りがなの問題です。確実《かくじつ》に書けるようにしておきましょう。②は、「群れる」の場合は「れ」から送ります。

4 ⑦のように、同じ漢字でもことなる読み方で熟語を構成している場合もあります。

5 「興じる」「講じる」など、意味がややむずかしいものがあるので調べておきましょう。

6 部首になる漢字を決定できれば、漢字のどの位置にあてはまるかがわかります。例えば①では、「牛」は「うしへん」の位置に決まるので、「寺」はつくりの部分になります。

3 ①耂・おいかんむり（おい・おいがしら） ②灬・れんが（れっか） ③禾・のぎへん

4 ①ア・ヒ ②イ・タ

5 ①12 ②9 ③12 ④9 ⑤10 ⑥10 ⑦11 ⑧9 ⑨9 ⑩7

6 ア・エ・カ・キ・ケ

7 ①ウ ②ア ③エ ④イ

8 秘

9 ①ア ②ア ③イ ④イ ⑤イ ⑥ア

考え方

1 ②は「ぎょうにんべん」ではなく、「ぎょうがまえ」となります。「あし」は漢字の下の部分のことで、⑥の「れんが（れっか）」のほか、「ひとあし」「こころ」などがあります。

2 ⑩は「のぎへん」ではなく「りっとう」になります。左部分は「いねのほ」を、右部分は「すき」を表し、役に立つものといった意味を表す漢字です。

3 ②は、「れんが（れっか）」のほか、「よつてん」ともいわれます。部首が、漢字のどの部分にあるかによって、「へん」「たれ」「あし」などを区別できます。

4 ①アは右部分が、人がたおれてすがたが変わった様子を表している漢字です。人に関することですが、部首は「にんべん」ではありません。②イ以外はすべて植物に関係していることに注目しましょう。

5 ①「道」の「しんにょう（しんにゅう）」、⑧「級」の「及」の部分は、それぞれ三画で書きます。

6 「述」の「しんにょう（しんにゅう）」は三画で書きます。「承」の中央部分は五画、右のはらいは二画で書きます。

7 ④「席」の「まだれ」以外の部分は七画で書きます。筆順と画の切れ目を確《たし》かめてみましょう。

8 「必」の筆順がポイントとなります。上から下に、左から右に、という原則《げんそく》にしたがって正確《せいかく》な筆順を覚えておきましょう。筆の流れから順番を追うこともできます。

9 ②「皮」の部分の第一画は左のはらいになります。③「りっしんべん」の筆順もよく出題されるので注意しましょう。

ハイクラス　12～13ページ

1 ①草花・くさかんむり ②明暗・ひへん ③終結・いとへん ④意志・こころ ⑤植林・きへん ⑥海洋・さんずい

2 Aエ Bア

3 ①ケ ②ア ③キ ④オ ⑤セ ⑥ウ ⑦タ ⑧ス ⑨ク ⑩コ

4 ①13・ケ ②14・コ ③5・ウ ④13・エ ⑤10・キ

5 ①ア ②イ ③オ ④イ ⑤ア

6 ①イ ②ア

7 ①ウ ②イ ③エ

8 ①しかばね（かばね） ②ごんべん ③おおがい

考え方

1 問題の漢字がどの部分に入るのか見当をつけてみましょう。例えば⑤の「直」は漢字の右部分となるので、左に入る「へん」は何かを考えます。

2 エの部首はすべて「ひ」。アについては「問」→「くち」、「間」→「もんがまえ」、「聞」→「みみ」となります。

3 「しめすへん」と「ころもへん」、「こざとへん」と「おおざと」は、形がよく似《に》ているので区別できるようにしておきましょう。

4 ①同じ字形の「つきへん」と「にくづき」については、主に体の部分を表す漢字が「にくづき」となります。

5 ⑥「承」の右のはらいの部分は二画、⑧「建」の「えんにょう」は三画で書きます。

6 ①左のはらいから書きます。②三画目までの書き順を正しく覚えましょう。

7 ①は14画、②は8画、③は10画。「おおざと」「しんにょう」は三画で書きます。

8 どの部分に部首がつくのかを考えましょう。①は「たれ」、②は「へん」、③は「つくり」の部分になります。

4 熟語の問題

標準クラス
14〜15ページ

1 ①預金 ②結束 ③研究 ④自覚
⑤待機 ⑥未完 ⑦現象 ⑧文武
⑨適応 ⑩衛生

2 ①山に登る ②会を開く
③書を読む ④心を改める
⑤車に乗る ⑥文を作る
⑦球を投げる ⑧陸に着く

3 ①エ ②エ ③エ ④ア ⑤イ
⑥ウ ⑦ウ ⑧イ ⑨ア

4 （例）①音（汽笛）・訓（口笛）
（例）②音（消印）・訓（目印）
（例）③音（収束）・訓（札束）

5 ①飼 ②氏 ③資 ④史 ⑤司 ⑥志

6 ①効 ②考 ③好 ④向 ⑤功

考え方

1 ヒントの言葉をそれぞれ漢字に直して組み合わせてみましょう。漢字に直せないものは、次のように熟語《じゅくご》に置きかえて類推《るいすい》します。③みがく→「研磨《けんま》」、⑦形→「象形《しょうけい》」、⑨こたえる→「応答《おうとう》」、⑩守る→「守衛《しゅえい》」。

3 ①学（校）に通う ②港に寄《よ》る ③火を消す ④教える＝育てる ⑤高い↔低い ⑥大きな木 ⑦青い空 ⑧強い↔弱い ⑨計る＝画する

4 ①音「テキ」・訓「ふえ」、②音「イン」・訓「しるし」、③音「ソク」・訓「たば」となります。

5 同音異字《どうおんいじ》の問題です。熟語単位で書けるようにしておきましょう。

6 同音異字の問題です。熟語単位で書けるようにしておきましょう。

注意

2 いずれも下の字が上の字の目的語になっています。

ハイクラス
16〜17ページ

1 ①エ ②ア ③イ ④エ ⑤ウ

2 ①図 ②直 ③去 ④守 ⑤行

3 ア

4 ウ

5 ①カ ②ア ③エ ④キ ⑤ウ

6 ①ウ ②ア ③エ ④イ

7 ①設 ②実 ③展 ④均 ⑤経 ⑥報

考え方

1 ――線にあてはまる漢字の、ほかの音読みをさがします。それぞれの漢字の複数《ふくすう》の読みを覚えるようにしましょう。

2 それぞれ音読みで、①「ズ・ト」、②「ジキ・チョク」、③「コ・キョ」、④「ス・シュ」、⑤「コウ・ギョウ」と読みます。

3 「増減」は反対の意味を表す漢字の組み合わせになっています。よって、答えは「収支」。イは下の漢字が上の漢字の目的語になっているもの。ウは同じような意味の漢字を組み合わせたもの。エは下の漢字を上の漢字が修飾《しゅうしょく》する形になっているものです。

4 ウ以外はすべて言葉を略《りゃく》したものになっています。アは「入学試験《にゅうがくしけん》」、イは「高等学校」、エは「国際連合《こくさいれんごう》」をそれぞれ略したものです。

5 ①は上の漢字が下の漢字を修飾、②は前問と同様に略した言葉、③は同じ意味の漢字をならべたもの、④は上の漢字が下の漢字を打ち消したもの、⑤は下の漢字が上の漢字の目的語になっているものです。

6 ①ウは音＋音、それ以外は音＋訓。②アは訓＋訓、それ以外は訓＋音。③エは音＋訓、それ以外は音＋音。④イは訓＋音、それ以外は訓＋訓。

7 選たくしは少ないので、一つずつあてはめてみてもよいでしょう。

チャレンジテスト①
18〜19ページ

1 ①うけたまわ（る） ②こころざ（す）
③こころよ（い） ④いとな（む）
⑤みちび（く） ⑥ひき（いる）
⑦しりぞ（く） ⑧あやま（る）
⑨あやま（ち） ⑩た（つ）

2 ①ふとん ②よきょう ③りゅうにん
④はんのう ⑤しょうたい ⑥かいどく
⑦きょうかい ⑧げいのう
⑨こうみゃく ⑩ざっそう

3 ①**カ** ②**キ** ③**イ** ④**エ** ⑤**ケ** ⑥**ク**
⑦**コ** ⑧**オ** ⑨**ウ** ⑩**ア**

4 ①**カ**・おうふく ②**ク**・ぎむ
③**ケ**・きゅうゆう ④**ア**・えんぎ
⑤**コ**・きょか ⑥**イ**・けんあく
⑦**キ**・こんざつ ⑧**ウ**・ぼぜん
⑨**オ**・きそく ⑩**エ**・かくげん

5 ①おさ・修復 ②むら・群生
③あ・快挙 ④へ・経由 ⑤あ・健在

6 ①腹・復 ②術・述 ③資・姿
④放・訪 ⑤鏡・境

考え方

1 いずれも送りがなをふくめてよく出題される漢字ですので、正確《せいかく》に覚えておきましょう。

3 それぞれ、訓読みの同音異字《どうおんいじ》をさがします。意味のちがいをおさえておきましょう。

4 熟語《じゅくご》の構成《こうせい》パターンを手がかりにしてみるとよいでしょう。反対の意味を表す、上の字が下の字を修飾《しゅうしょく》、下の字が上の字の目的語になっている、同じような意味をもつ、などがあります。

5 ㋐はいずれも訓読みです。熟語となる音みにかえて考えてみましょう。

6 どちらかの語がわかれば、その音と共通の部分を手がかりにもう一つの語を見つけることができるでしょう。⑤「明鏡止水」は四字熟語で、「心がすんで静かな状態《じょうたい》」という意味です。

注意

2 ①団を「トン」と読むことに注意しましょう。

5 文の意味にあう熟語が思いつくようになるには、日ごろから熟語の語い数を増《ふ》やしておくことが大切です。

5 三字・四字熟語

標準クラス

20～21ページ

1 ①きんじち ②むいしき
③もんがいかん ④せんにゅうかん
⑤ねんこうじょれつ
⑥いっちょういっせき ⑦絶望的
⑧賛美歌 ⑨調理師 ⑩祖父母
⑪大同小異 ⑫日進月歩 ⑬前代未聞

2 ①団 ②重 ③飯 ④午

3 ①**ク** ②**ウ** ③**タ** ④**オ** ⑤**ケ** ⑥**セ**
⑦**キ** ⑧**コ** ⑨**イ** ⑩**ス** ⑪**ソ** ⑫**ア**

4 ①未 ②不 ③非

5 ①えいこせいすい・**ウ**
②こりつむえん・**カ**
③しこうさくご・**イ**
④いちもうだじん・**エ**
⑤ぎしんあんき・**オ**
⑥きんかぎょくじょう・**ア**

6 ①**ウ**・D ②**エ**・E ③**イ**・C

考え方

1 三字熟語《じゅくご》・四字熟語は読み書きとあわせて意味も覚えておきましょう。⑥夕「セキ」⑬聞「モン」などの読み方にも注意が必要です。

2 ②は「かみひとえ」、③は「さはんじ」と読みます。

3 二字熟語＋一字の三字熟語として覚えましょう。⑨の「青二才」は、経験《けいけん》が浅くわかい人という意味です。

4 打ち消しの字について、意味をとらえておきましょう。「不」は、「～でない、～しない」。「未」は、「いまだ～でない」。「非」《ひ》は、「～でない、～とはちがう」という意味を表す場合に用いられます。

5 四字熟語とその意味は必ず結びつけて覚えましょう。意味から、漢字を見つけることもできます。

6 ①ウの「我田引水」は自分の田にだけ水をひく、勝手なふるまいを意味する言葉です。②エは上の熟語が下の熟語にかかっています。③イはその場に応《おう》じて適切《てきせつ》な行動をすることを表します。

ハイクラス　22～23ページ

1 ア・エ

2 ①全→一　②機→器　③同→別　④適→敵　⑤歌→曲　⑥展→転　⑦混→根

3 ①電光　②実行　③千・万　④七・八

4 ①ウ　②オ　③カ　④エ

5 ①イ・キ・E　②オ・ケ・D　③ア・エ・A　④ク・コ・B　⑤カ・ウ・C

6 千差万別・言語道断・臨機応変
異口同音・単刀直入・絶体絶命
温故知新・意味深長・以心伝心

考え方

1 「非」は「～とはちがう」という意味で使われます。イは「不用意」、ウは「無遠慮」、オは「無秩序」となります。

2 四字熟語のまちがえやすい漢字の問題です。よく出題されますので、確実《かくじつ》におさえておきましょう。

3 ③・④のように、漢数字をふくむ四字熟語も多いので、まとめて覚えるようにしましょう。④と似《に》ている「七転八起」は、「何度失敗してもくじけない」という意味になるので注意してください。

5 漢数字をふくむ四字熟語の問題です。Ⅱ群の選たくしからヒントになる言葉をさがし、Ⅰ群からその漢字をさがすとわかりやすいでしょう。

6 下から上に読むものもあります。「以心伝心」「千差万別」などのように、同じ漢字や漢数字の場所にも注目してみましょう。

注意

4 ことわざ・慣用句と四字熟語の両方の意味を理解《りかい》しておくことが必要です。①とキ、④とオなど、同じ漢字が使われていても同じ意味を持つとは限《かぎ》らないものがあるので注意しましょう。

6 ことわざ・慣用句

標準クラス　24～25ページ

1 ①鉄・ウ　②車・イ　③鳥・ア　④歯・エ

2 ①×　②〇　③×　④×　⑤〇　⑥×　⑦×　⑧〇

3 ①キ　②ウ　③ク　④イ　⑤エ　⑥カ　⑦ケ

4 ①キ　②イ　③ケ　④オ

5 ①水　②油　③虫　④鼻　⑤馬

6 イ

考え方

1 ことわざ・慣用句の意味と用法をしっかり理解《りかい》しましょう。③・④のように、動物や体の部分を使ったものもまとめて覚えておくとよいでしょう。

2 ⑥の「判官びいき」とは、歴史上の人物「源九郎《げんくろう》判官義経《よしつね》（源《みなもとの》義経）」に由来しており、悲劇《ひげき》の英雄《えいゆう》に同情《どうじょう》する気持ちから、弱者に同情する感情を例えています。

3 ①「一目」は「いちもく」と読みます。②保証《ほしょう》されたものを「折り紙つきの～」と表現《ひょうげん》したりします。③・⑤どんな様子か想像《そうぞう》してみると状況《じょうきょう》がわかります。⑥反対の意味にとらえがちですが、「遠慮《えんりょ》のいらない気楽な」という意味です。

4 体の一部を表す漢字を用いた慣用句は非《ひ》常《じょう》に多いので、種類ごとにまとめて覚えておくとよいでしょう。

5 同じ漢字を使ったほかのことわざ・慣用句も調べてみましょう。動物、植物、体、食べ物などを使ったものはよく出題されます。

6 同じ体の部分を表す漢字でも、意味がことなります。用法もあわせて区別できるようにしておきましょう。

ハイクラス　26～27ページ

1 ①地固まる　②口なし　③神だのみ　④ためならず

2 ①ア　②ウ　③ア　④イ　⑤イ　⑥ウ

3 ①長　②利　③都　④美　⑤明　⑥花　⑦空　⑧友

4 ウ

5 ①骨→身　②体→心（むね）　③糸→皿

④こう→ひら ⑤手→足

6 ①からす ②馬 ③ねこ ④さる
⑤ぶた

7 ①種・イ ②福・エ ③暗・ウ
④魚・ア ⑤筆・オ

8 ①目 ②心

考え方

1 ④はまちがった意味にとらえがちです。「情けをかけることはその人のためにならない」という意味ではありません。正しくは、「人に情けをかけると結局自分のためになる」という意味です。

2 「三」という数のとらえ方の問題です。ことわざの由来や意味をしっかり理解しておきましょう。

3 ②中国の故事《こじ》に由来するものです。もとになる話を調べてみると理解が深まるでしょう。

4 ウは「紅《こう》一点」で、多くの男性《だんせい》の中にただ一人女性がいる状態《じょうたい》のことを例えて使われることが多いです。

5 体の部分を表す言葉を用いた慣用句の問題です。①「身を粉にして働く」などは用法もあわせて覚えておくとよいでしょう。⑤「手が出る」と「足が出る」は意味がことなります。ちがいを調べてみましょう。

6 ③と⑤は同じような意味のことわざです。ほかにも、④と似《に》た意味の「弘法にも筆のあやまり」などがあります。

7 選たくしの中のキーワードにも注目してみましょう。②の「わざわい」は「災難」におきかえられます。

8 ①「目の黒いうち」は「生きている間」という意味になります。「腹《はら》が黒い」とすると、悪事をたくらむことを意味します。字のちがいによって、意味もことなるので文をよく読みましょう。

7 和語・漢語・外来語

標準クラス 28～29ページ

1 ①ウ ②イ ③ア ④イ ⑤ウ ⑥ア
⑦ア ⑧ウ

2 ①イ ②ウ ③ア ④ウ ⑤ア ⑥イ
⑦ウ ⑧イ ⑨イ ⑩ア ⑪ウ ⑫イ
⑬イ

3 ①イ ②エ ③ア ④ウ

4 ①× ②◯ ③◯ ④× ⑤◯ ⑥◯
⑦× ⑧◯ ⑨×

5 (和語) ア・オ・カ・キ
(漢語) イ・ケ
(外来語) ウ・エ・ク

考え方

1 外来語はかたかなで表記されます。また、送りがなのつくものは和語と判別《はんべつ》してよいでしょう。

3 ①すばらしい考え＝グッドアイディアと使われることもあります。③アンケートはフランス語に由来する外来語です。

4 外来語の意味を覚えましょう。⑥ライバル＝競争相手。⑨ジレンマ＝相反することの板ばさみの状態《じょうたい》にあること。

ハイクラス 30～31ページ

1 ①㋐かざぐるま ㋑ふうしゃ
②㋐おおごと ㋑だいじ
③㋐いちがつ ㋑ひとつき
④㋐せいぶつ ㋑なまもの
⑤㋐めした ㋑もっか
⑥㋐しきし ㋑いろがみ

2 ①仕・キ ②再・ア ③混・カ
④行・エ ⑤発 (着)・イ

3 (和語) イ・ク
(漢語) ア・ウ・カ・キ
(外来語) エ・オ・ケ

4 ①一糸 ②石火 ③林立 ④大家
⑤古今 ⑥明朝

5 イ

6 ①効 ②混 ③指 ④例 ⑤世 ⑥試

7 ①速度 ②スタート

考え方

1 文意に合わせて、音読み・訓読みに分けて読んでみましょう。

2 いずれもよく使われる外来語です。トレンドは「流行」のほかに「傾向《けいこう》」の意味もあり、経済《けいざい》の動向などを指すこともあります。

4 ①「一糸」は「いっし」と読みます。②・⑤は四字熟語として覚えておきましょう。

5 「サイクル」には、「回る、回転する」という意味があります。

6 同じ漢字の音読みと訓読みを、文に合わせて使い分けましょう。

7 ①「速さ」を音読みの熟語に、②「開始」をかたかな表記の言葉にかえます。

チャレンジテスト②　32～33ページ

1 ①いたち ②うなぎ ③えび ④おうむ ⑤くも ⑥ねこ ⑦とんぼ ⑧こうもり ⑨どじょう ⑩きつね ⑪きじ

2 ①黒 ②白 ③白 ④赤 ⑤青

3 ①エ ②ア ③イ

4 ①エ ②ア ③ウ

5 ①ウ ②ケ ③イ ④カ ⑤エ ⑥ア ⑦オ ⑧コ ⑨キ ⑩ク

考え方

2 色を表す漢字を使う慣用句には、このほかに、「黄色い声」、「緑児（みどりご）」、「紺屋の白袴（こうやのしろばかま）」などがありました。辞書で調べてみましょう。

3 ①接尾語《せつびご》の「さ」をつけて名詞化《めいしか》した言葉ですが、「結果さ」とは言いません。②は「一つ返事」ではなく「二つ返事」。③は「的を得た」ではなく「的を射《い》た」となります。非常《ひじょう》にまちがえやすい表現《ひょうげん》なので注意しましょう。

4 ①ウの「日輪」とは、太陽のことを指しています。

5 体に関する漢字を使った慣用句の問題です。文の意味に合わせて正しいものを選びましょう。

8 文の成分

標準クラス　34～35ページ

1 ①むすめは ②花が ③リンゴは ④ペンギンは

2 ①イルカが・泳いでいる ②私は・小学生です ③家は・じょうぶです

3 キ

4 ①オ ②イ ③エ ④ウ ⑤オ

5 ①イ ②イ ③イ

6 ①ア ②イ ③ウ

7 ①ポチは・待ちつづけた ②しゃがんで・帰りを

8 ①aウ bオ ②aイ bカ ③aキ bコ ④aイ bカ

考え方

1 「～は」「～が」にあたるものが主語になります。

2 主語に対して、「どうする」「どんなだ」「何だ」にあたるものが述語になります。

3 「ほとんど～ない」「まったく～ない」など呼応《こおう》する副詞《ふくし》を覚えておきましょう。

4 ①「おそらく～だろう」という呼応の副詞です。②「母の」は連体詞で、名詞に続きます。

5 ①アの「そこで」は場所を指しています。イは順接《じゅんせつ》の接続語。②アの「また」は副詞で、「行きたい」を修飾《しゅうしょく》しています。イは並列《へいれつ》を表す接続語。③イは逆接の接続語。

6 空らんの前後の文章を比かくして、順接、逆接、並列のいずれかの接続語を入れるようにします。

7 ①主語は「～が（は）」、述語は「どうする（どんなだ）」の部分になります。②「父の」は連体詞で、体言（名詞）に続きます。

8 ――線aは主語、bは述語を指しています。

ハイクラス　36～37ページ

1 ①今夜は・快晴だ ②鳥が・横切る ③ぼくも・わたった ④機関車は・通り過ぎた ⑤葉っぱは・流れる

2 ①ウ・エ・オ ②エ・オ

3 ①イ・カ　②ウ・キ　③ア・コ
④オ・ケ　⑤エ・ク

4 ①待った　②ぬれていた　③来ると
④見た　⑤出しても

5 ①とても便利だった。そこで、友達にもすすめた。
②夜遅い。しかし、父はまだ仕事をしている。
③雨が降り出した。また、かみなりも鳴り出した。
④いい天気だった。そこで、家族でハイキングに出かけた。
⑤駅まで走った。しかし、電車に間に合わなかった。
⑥ぼくが手伝うか。あるいは、弟が手伝うか。
⑦窓を開けた。すると、すずしい風が入ってきた。

6 ウ

考え方

1 ③は「は（が）」がついていませんが、動作の主体となる「ぼくも」が主語になります。

2 修飾語と被《ひ》修飾語をつなげて読んでみましょう。自然につながって意味が通じているか確認《かくにん》できます。

3 空らんの前後の文を比べてみましょう。①「父の兄の子ども」を「いとこ」と言いかえて説明しています。その他の関係は、②原因《げんいん》と結果、③逆接、④話題の転かん、⑤並列、となっていることに注目しましょう。

4 副詞はおもに用言（動詞・形容詞《けいようし》・形容動詞）を修飾します。⑤は「いくら〜ても」と呼応する副詞です。

5 二つの文の関係を考えて、接続語の種類を使い分けましょう。

6 用言は三つありますが、意味の上から修飾されるものを選びます。

9 文の組み立て

標準クラス

38〜39ページ

1 ①母が／歌を／歌った。
②友達と／海へ／出かける。
③ゆっくりと／船は／動き始めた。

2 ①4　②4　③4　④5　⑤5　⑥5
⑦3　⑧6

3 ①ウ　②ア　③イ　④ウ　⑤イ　⑥ア
⑦ア　⑧ウ　⑨イ

4 ①㋐ぼくは　㋑行った　㋒自転車で
②㋐日差しが　㋑うららかな　㋒山を
㋓照らす
③㋐走る　㋑小さな　㋒母親と
④㋐スズメが　㋑鳴いている　㋒一列で
㋓庭の　㋔枝の

5 ①ア　②エ

考え方

1 文節は、「ね」をはさんでみて意味が自然に通じるところで区切るとわかりやすいです。例えば①は、「母がね、歌をね、歌ったね。」となります。

2 **3** 前問と同様に文節で区切ってみましょう。述語の部分にそれぞれ注目してみると、①は「勉強した」、②は「建物だった」、③は「きれいだった」となります。

4 まず、主語と述語をおさえます。次に、それぞれを修飾《しゅうしょく》している言葉を見つけていきましょう。

5 主語と述語をおさえたうえで、修飾語がどの語にかかるか、矢印で図示《ずし》してみましょう。あたえられた文と同じ組み立て図になるものを選びます。

ハイクラス

40〜41ページ

1 (1)4　(2)①成長を・とことん
②少年期の・深い・自然との
(3)4　(4)4　(5)Aイ　Bア　Cイ　Dウ

2 ①㋐コンピューター　㋑持っている
㋒新しい　㋓たくさん　㋔すぐれた
㋕機能を
②㋐船が　㋑出航した　㋒たくさんの
㋓食料を　㋔積んだ　㋕大きな
㋖外国の　㋗港に　㋘向けて

3 ①ク　②オ　③ウ　④カ　⑤ア

考え方

1 (1)「身内の／者を／引き出して／申し訳ないが」となります。(2)それぞれの語の前にある文節を確認《かくにん》してみましょう。(3)「学校で／学ぶ／ことは／すくなかったけれども」となります。(4)「大きく／なってからも、／たいへん／役立ちました」となります。(5)主語には「は」「が」などがつきます。述語になるのは、動詞《どうし》・形《けい》容詞《ようし》・形容動詞のみです。

2 主語と述語が決まったら、それぞれを修飾する言葉を空らんにあてはめていきましょう。②修飾語にもさらに修飾語がかかるので複雑《ふくざつ》になりますが、ていねいに確《たし》かめましょう。

3 ①主語と述語それぞれに修飾語が一つかかります。②述語に三つの修飾語がかかります。③述語に二つの修飾語がかかります。④独立語《どくりつご》の後に、主語と述語があり、それぞれに一つ修飾語がかかります。⑤二つの文を接続語でつないでいます。

10 言葉の種類・敬語

標準クラス　42〜43ページ

1 ①ウ　②ア

2 ①めしあがり　②まいり（うかがい）　③ごらん（ごらんになって）　④うかがう

3 イ

4 オ

5 ①まいりますか→行かれますか　②おっしゃって→申して　③いただいて→めしあがって　④聞き→うかがい　⑤拝見した→ごらんになった

6 (1)イ　(2)ウ

考え方

1 ①「の」を「こと・もの」に言いかえることができます。「白いものがユリの花です。」②限定《げんてい》の意味を表す助詞《じょし》です。イはおよその程度《ていど》を、ウは動作の完了《かんりょう》を、エは今にもその動作が行われようとする状《じょう》態《たい》を表しています。

2 ①校長先生に対する敬語なので、「食べる」の尊敬語《そんけいご》になります。②「行く」の謙譲《けんじょう》語《ご》にします。③相手に対する尊敬語として「見る」を「ごらんになる」とします。

3 「られる」には、自発（自然と起こること）・受け身・可能《かのう》・尊敬の用法があるので、それらを判別《はんべつ》できるようにしておきましょう。ここでは、自発の用法になります。

4 起点が「から」だとすると「まで」に続くことが考えられます。

5 動作の主体がだれかによって、敬語の種類がかわります。「あなた」や「先生」には尊敬語を、自分や身内である「母」にはへりくだった謙譲語を用います。

6 (1)アは、家族に対して「めしあがる」という尊敬語を使っているのでまちがいです。ウもア同様に謙譲語を使うのが適切ですが、「いただく」に「れ」がついて尊敬語の使い方になっています。エは相手に対して「くれて」という言い方が正しくありません。

ハイクラス　44〜45ページ

1 ①イ　②ウ　③エ　④イ　⑤イ

2 ①×　②○　③×　④○　⑤×　⑥○

3 ウ

4 ①イ　②イ　③カ　④ウ　⑤イ

5 ①ウ　②イ　③ア　④ウ　⑤イ

考え方

1 ①意志《いし》を表す助動詞「よう」です。ア・ウは推量《すいりょう》、エは勧誘《かんゆう》を表します。②不確《ふたし》かな断定《だんてい》を表す助動詞「ようだ」です。ア・エは、たとえを表し、イは例示《れいじ》となっています。③断定の助動詞「だ」です。ア・ウは形容動詞の語尾《ごび》、イは過去《かこ》を表す助動詞「た（だ）」となります。

2 ③「いただく」は「食べる」の謙譲語、⑤「うかがう」は「聞く」の謙譲語なので、相手に対する敬語としてはふさわしくありません。

3 「で」を「によって」におきかえることができます。原因《げんいん》・理由・原材料・手段《しゅだん》などを表す助詞です。

4 敬語の種類（丁寧《ていねい》語・尊敬語・謙譲語）を判別できるようにしておきましょう。

5 動作の主体がだれかによって敬語の使い分けをします。④・⑤同じ「いらっしゃる」でも、もとの意味がことなる場合があるので注意しましょう。

チャレンジテスト③

46〜47ページ

1 ①ア ②ウ ③オ ④オ ⑤イ

2 ①親猫までも ②立っている

3 (1)うなり声が
(2)とびだしてきたのです
(3)③ウ ④ア ⑤イ ⑥イ
(4)トトは

4 ①それが・しみた
②だれもが・めぐまれる
③だれも・信じなかった
④りんごが・届いた
⑤花は・きれいだなあ

5 (1)⑨・⑬ (2)イ (3)④・⑥

考え方

1 同じ形容詞《けいようし》「美しい」ですが、①と②で修飾している言葉がことなります。

2 おびえたのは親猫なので、主語は「親猫までも」の部分になります。

3 (1)主語は、「何が」の部分にあたります。(2)文節でぬき出すという条件《じょうけん》に注意しましょう。(3)③は形容詞、④は名詞、⑤・⑥は動詞です。

4 主語は「何が（は）」にあたる部分で、述語は「どうした、どんなだ」にあたる部分になります。

5 (2)ア・ウは存在《そんざい》を表す動詞。イは連体詞。エは「あるいは」の一部になります。

11 指示語に注意して読む

標準クラス

48〜49ページ

1 (1)(例)耐水性と耐熱性があるから。
(2)オリエント地域（の土器）
(3)ウ
(4)肉や魚〜うま味
(5)石の槍や斧
(6)ウ
(7)ⓐウ ⓑイ

考え方

1 (1)最初の段落《だんらく》に土器の特ちょうについての説明があります。(6)ここで言う「化学変化」とは、土器を作るときに起きたものを指します。

ハイクラス

50〜51ページ

1 (1)Aエ Bイ
(2)㋓
(3)ねむれ〜を終え
(4)(例)自分の才能を見出すこと。
(5)歌唱力や、絵心や、運動能力
(6)Ⅳ

考え方

1 (2)それぞれの指示語《しじご》を与《あた》えられた語で置きかえてみて、文が通じないようであれば、それが答えです。(6)ぬけていた文章を読むと、何かの具体例であることがわかります。Ⅳの最後に「どれくらい好きなのか」という問いかけがありますし、文末が疑問形《ぎもんけい》になっているので、次の段落の「検討してみる」にもあてはまります。

注意

1 指示語の指す内容《ないよう》は、多くの場合直前の文や文章にあります。前の段落に返って、内容を追っていきましょう。

12 接続を考えて読む

標準クラス

52〜53ページ

1 (1)ウ

(2)ア
(3)Aイ　Bオ　Cエ
(4)(例)当然言い切ってよいと思うところで、「たいと思います」という結びをつけるということばづかい。
(5)両国の友好関係の改善に努めます。
(6)(例)ことばの調子をととのえるという使われ方。
(7)(例)「思っているだけ」で、実現させる気持ちはないのかとがっかりする気持ち。

考え方
1 (5)あいまいではなく、はっきりとした態《たい》度《ど》を示《しめ》すとするとどのような表現《ひょうげん》になるかを考えましょう。(7)筆者は、「思っているだけ」であるから実現する気はないのだととらえているのです。

ハイクラス　54〜55ページ

1 (1)Aオ　Bイ
(2)神様におう〜という方法
(3)Ⅰ神様　Ⅱ人
(4)何かの基準〜を示すこと
(5)ア　(6)宗教・教典・知識

考え方
1 (2)「〜という方法」という表現《ひょうげん》のうち、指定された字数にあてはまるものをさがしましょう。(3)裁判をするのはだれか。古い時代と現代とではことなります。(5)前の文に、「有無を言わさず人々を従わせるような権力者は、認められません。」とあることに注目します。

13 段落ごとに読む

標準クラス　56〜57ページ

1 (1)イ
(2)A水はけ　B破損　C保温
D屋根裏　E雨もり　F傾斜のついた
(3)エ

考え方
1 (2)[2]段落の後半に屋根の有無によるちがいを述べた部分があります。具体的な例をおさえて読み取りましょう。(3)最終的にフラットルーフはいちばん風化されやすく故障もおきやすい、と筆者は考えています。とすると、どんな考えがまちがっていたのかを考えましょう。

ハイクラス　58〜59ページ

1 (1)採食行動
(2)似ている点…(例)食物を分配するということ。
ことなる点…(例)乞われなくても自ら食物を与えるということ。
(3)ア
(4)共食

考え方
1 (1)与《あた》えられた文の表現《ひょうげん》がふくまれている部分をさがしましょう。[5]段落に「オス・メスを中心とした家族」について述べています。(2)[1]段落では「人間と同じように」と、似《に》ている点が、[2]段落には「類人猿とは明確に異なって」と、ことなる点が書かれています。

14 段落のまとまりを読む

標準クラス　60〜61ページ

1 (1)Aエ　Bウ　Cア　Dイ
(2)人格
(3)ア
(4)Ⅰ欧米人　Ⅱア

考え方
1 (4)段落と段落のつながりは、接続《せつぞく》部分の言葉などに注目してみるとよいでしょう。ここでは、[3]段落の初めに、「それに対して」とあるので、[2]段落と[3]段落が反対の内容《ないよう》であることがわかるでしょう。選たくしにも「対照的な」という表現《ひょうげん》が使われています。

ハイクラス　62～63ページ

1
(1)ウ
(2)Aウ　Bイ
(3)ウ
(4)普遍的～いだす
(5)とにもかく

考え方
1 (2)Aは直前の「主観性」という言葉を説明しています。言いかえた部分がハイフンで表記されていることからもわかります。Bは、「別な～」という表現が並《なら》んでいることから、並列《へいれつ》、追加する意味の言葉がふさわしいでしょう。(5)文章全体を段落のまとまりに分けるとき、まずはつながりのある段落をまとめていきましょう。段落初めの表現や接続の言葉に注目します。

チャレンジテスト④　64～67ページ

1
(1)青く塗られ～だろうか。
(2)オ
(3)イ
(4)地図の歴史

2
(1)(例)話し方がすぐれていること
(2)Aア　Bエ
(3)そっちょく～分の言葉」
(4)(例)・自分の体験を通して学んだことであること。
・自分の頭で考えた言葉であること。
・かざらず正直にかたったものであること。
(5)(例)・「相手に伝える」ということを全く意識していないという点。
(6)ウ

考え方
1 (1)知らない土地ということで、イメージは想像《そうぞう》したものとなります。文末表現《ひょうげん》「だろう」「かもしれない」などに注目してみましょう。(3)「鎖国」とは、外国とのつき合いなどをやめることです。この意味をふまえて、言葉の意味を考えます。
2 (1)指示語《しじご》の指す内容《ないよう》は、多くの場合、直前にあります。(2)「口跡」が何を表しているのか、Bのあとで言いかえています。

15 説明文を読む①　68～69ページ

標準クラス

1
(1)Aエ　Bイ
(2)(例)人類の祖先が塩をたくさん使うようになった時期。
(3)米づくり
(4)(例)動物の肉や内臓、骨の髄の塩分から補給していたから。
(5)エ
(6)エ

考え方
1 (1)Aの直前には、縄文時代の人々が塩分を補給できた理由が書かれています。また、それにもかかわらず、Bのあとには、塩分が足りなくなったとあるので、逆接《ぎゃくせつ》でつなぎましょう。(4)理由をたずねられているので、その答えとなる表現《ひょうげん》を見つけましょう。直後に「そのわけは」と続いています。

ハイクラス　70～71ページ

1
(1)凧に関する種々の知識
(2)aア　bエ
(3)イ
(4)揚がるまで
(5)ウ

考え方
1 (1)あとに、「わかることができた」という部分があります。どうやってわかるようになったのか、さかのぼって読んでみましょう。「凧を作って揚げる」という言葉に含まれる情報だけではないことに注意します。(5)説明文において筆者の考えをさがす問題です。筆者の考えは具体的な例ではなく、それらをまとめた表現になっています。また、文章に書かれていない内容《ないよう》は、選たくしから消去して考えるとよいでしょう。

16 説明文を読む ②

標準クラス 72～73ページ

1 (1)ウ　(2)Aより多くの人に好まれる　B多様性の喪失　(3)(例)選別機の導入により、平均的な味、どれをとっても同じ味の西瓜になるから。　(4)エ　(5)A効率　B均一化

考え方

1 (1)エの「もし」は「～なら、したら」という結びになります。(5)直前に「～という」と説明しています。そこから、字数制限《せいげん》にあわせて言葉を選びましょう。

ハイクラス 74～75ページ

1 (1)自然の一部　(2)Bイ　Cウ　(3)イ　(4)(例)人間が地球規模での破壊とまでいわれるような自然の使い方をしているとき。　(5)原自然や共～ている自然

考え方

1 (1)「Aとして生きている」と同様の表現《ひょうげん》が前の段落《だんらく》にあります。Bの前後には、理由を述《の》べる「から」という表現が両方に使われていることに注目しましょう。(4)どんなときかをさがす場合、「とき」を表す言葉をさがしましょう。前の段落に「いま」とあります。

17 説明文を読む ③

標準クラス 76～77ページ

1 (1)㋐アカテガニ　㋑山から海へ、産卵に向かっていた　(2)Aへ　Bまど　Cかま　(3)ウ　(4)①(例)も寄りの潮だまりで産卵を済ますようなもの　②(例)本来なら満ちてくる潮が体にあたるような海辺で産卵するべきなのに、近場で済ましているから。

考え方

1 (2)二語以上の言葉が複合《ふくごう》してできた表現《ひょうげん》です。意味と用法をおさえておきましょう。(4)「ちゃっかりもの」の意味は、自分の利益《りえき》のためにぬけめない人のことです。ここでは、アカテガニが遠くの海まで行かず、も寄りの潮だまりで産卵を済《す》ませる、要領《ようりょう》のいい様子を例えています。

ハイクラス 78～79ページ

1 (1)ウ　(2)ア　(3)文字中心型の言葉　(4)Aウ　Bア　Cエ　(5)Ⅰ音声中心　Ⅱ革命

考え方

1 (3)並列《へいれつ》して述《の》べられた二つのことを指して、前に述べられた方を「前者」、後に述べられた方を「後者」といいます。字数制限《せいげん》があるので、字数内でうまくまとめられた部分をさがしましょう。(4)文章全体を通して、西欧語と日本語を対比させているので、Cには逆接《ぎゃくせつ》の接続詞《せつぞくし》が入ります。

チャレンジテスト⑤ 80～83ページ

1 (1)Aかけて　Bつらねて　(2)(例)毎日のように弁当を作る手間　(3)昼食を手づ～けとなった

(4)ありがたさ
(5)イ・オ
(6)Cウ　Dイ
(7)依存
(8)ア

2
(1)ウ
(2)自分のために、環境を手段として活用する
(3)ちなみに、
(4)Aウ　Bエ
(5)その話と自分の生活はつながってない

考え方

1 (1)ことわざ・慣用句《かんようく》はまとめて覚えるようにしましょう。(2)指示語《しじご》が指す内容は直前にあります。(3)2段落《だんらく》には、学校給食の定着がどのようにえいきょうしているかが述《の》べられています。(8)「このような考え方」とあるので、これ以前に母親の考え方が述べられている部分だとわかります。

2 (2)次の段落に「そのために」と理由が述べられています。(3)長い文章ですが、具体的な例はこれ以外にありません。一文でさがす、という設問の条件《じょうけん》を確認《かくにん》しましょう。(5)「他人事」というキーワードから、自分とは関係のないことだとわかります。それと似《に》ている表現《ひょうげん》を見つけましょう。

18 論説文を読む ①

84〜85ページ

標準クラス

1
(1)海外で見知らぬ土地を訪れること
(2)(例)読んだという事実　(3)ア
(4)(例)本の中の意味深い一節、絶妙な表現などを、みんな見落としてしまうこと。
(5)熟読
(6)㋐様々な仕掛けや工夫　㋑読書は面白い

考え方

1 (5)「熟読」のほか、「精読《せいどく》」などもていねいに読むという意味です。(6)後の段落《だんらく》に理由が述べられています。一読者であったときには気がつかなかったこと、改めて感じるようになったこと、と表現されています。

ハイクラス

86〜87ページ

1
(1)イ
(2)自分の直観を信じて行動すること
(3)Aイ　Bエ　Cア
(4)ウ

考え方

1 (2)人間の行動で同様の表現《ひょうげん》が前にもありますが、ここではこれより後の本文から、という条件《じょうけん》があるので後方を読み進めていきます。人間＝「私たち」の行動を追っていきましょう。(3)Bの前後で「確実なことがわからなくても…行動する」と、「その結果」として、当然ながら失敗する場合もあるということが述《の》べられています。したがって、Bには当然の意味を表す言葉が入ります。

19 論説文を読む ②

88〜89ページ

標準クラス

1
(1)ア
(2)ウ
(3)ひとつひとつ特殊な形をしている
(4)体系
(5)エ

考え方

1 (1)イは前半部分が正しいですが、後半の「たよりすぎるのはよくない」という記述《きじゅつ》はありません。エは、ことわざを定義《ていぎ》づけるための一例にすぎません。(5)思考の体系をつくるためには、個々の経験、考えたことを一般化して普遍性の高い形にまとめ、自分だけのことわざをつくっておくとよいと筆者は述《の》べています。

ハイクラス

90~91ページ

1

(1)人が運動し~ということ
(2)Aウ　Bエ　Cイ　Dア
(3)私たちの普~ずれている
(4)(例)人間が客観的に捉えることができる、過去に流れた億年という長い時間。
(5)第二…また、ハツ
第三…一方、宇宙
(6)イ・エ

考え方

1 (1)疑問をもったのは、アインシュタインです。彼が何を発見したのか読み取りましょう。(3)理由を表す「から」がついているので容易《ようい》に見つけることができるでしょう。(6)筆者の主張《しゅちょう》は、文章に述べられているかどうかをていねいにみていきましょう。ウは、理解《りかい》できないというのではなく、感じ取ることができないということです。オは、日常の中で感じ取ることはできないとありますが、文章では客観的にも日常的にも捉えることができる、とあります。

20 論説文を読む ③

92~93ページ

標準クラス

1

(1)エ
(2)暴力と狂気の温床
(3)そうではな
(4)ア
(5)(例)それぞれが敬意をもち、節度のあるふるまいを家庭ではする

考え方

1 (1)直前にある、自分の家にいるときと同じような、という表現《ひょうげん》がヒントになります。家にいるときの状況《じょうきょう》やふんい気を想《そう》像《ぞう》してみましょう。(5)直前に「敬意」を用いた表現があります。これを「という考え」に続くようにまとめます。

ハイクラス

94~95ページ

1

(1)Aイ　Bエ
(2)エ
(3)精神的な「若者~てみるものだ。
(4)物事を考えるための座標軸
(5)それは~たい。
(6)ふつう
(7)ウ

考え方

1 (1)Aあとに、「評論はそうではない。」と前出の表現と反対のことを述《の》べていますから、逆接《ぎゃくせつ》となります。(2)直後に「から」という表現があるので、知識を身につけるため、と考えがちです。しかし、さらに読み進めると、次の段落《だんらく》の最後に、何のために評論を読むのかという答えが出ています。

チャレンジテスト⑥

96~99ページ

1

(1)選べと命令
(2)A自分　B命令
(3)Cエ　Dア
(4)もう一人の自分
(5)ウ

2

(1)幕末
(2)清潔・優雅
(3)江戸が緑の町、園芸の町だったこと
(4)ろくな文明などない
(5)(例)売り物の植物を栽培している場所
(6)現代の外国
(7)(例)昔、日本を訪れた多くの外国人たちが賛美した園芸都市の姿をとりもどすべきだということ。

考え方

1 (1)まず、指示語《しじご》の指す内容《ないよう》は、多くの場合直前にあることを覚えておきましょう。次に、その部分から「連鎖」していることが読み取れます。命令→自由→責任という論理《ろんり》の流れが答えとなります。(2)直後の文を読めば自然にわかるでしょう。はじめの「命令する」は主語が子供です

が、空らんBの「命令」の主語は先生です。

2 (1)「維新」とは明治維新のことですから、その前の時代は江戸時代となります。その動乱期を表す言葉をさがしましょう。(4)文明のない国と思っていたわけです。これと同様の表現《ひょうげん》をさがしましょう。

21 物語文を読む ①

100〜101ページ

標準クラス

1 (1)Aウ　Bエ　(2)Cエ　Dア
(3)踏切りの近
(4)小鳥のように声をあげた
(5)(例)さびしい風景の中、大声で姉を見送る弟たちの上に色鮮やかな蜜柑がまかれた光景。
(6)ほがらかな

考え方

1 (3)「陰惨たる」様子が書かれた部分をさがしましょう。(4)三人の男の子たちが叫《さけ》んだ声をもう一度言いかえているところがあります。(5)直前に書かれている様子を制限《せいげん》字数内にまとめてみましょう。(6)姉を見送る弟たちの光景を見た後、作者はどんな気持ちになったのでしょうか。つかれた私の気持ちがいやされていることに注目しましょう。

ハイクラス

102〜103ページ

1 (1)ウ
(2)(例)顔淵が、自分の言葉をどう感じているかを知りたかったから。
(3)Aイ　Bア
(4)ウ
(5)自負心
(6)イ

考え方

1 (1)「いつものように謙遜な態度で」とあることから、顔淵の性格《せいかく》を推測《すいそく》してみましょう。(3)子路は孔子の言葉を待つけれどもなにも言わなかったので、Bは逆接《ぎゃくせつ》になります。(5)子路は自分の発言を恥ずかしく思い始めますが、同時に彼の心にわき起こった気持ちはどのようなものだったでしょうか。孔子もその気持ちを捨てきれないのを見て暗然としています。

22 物語文を読む ②

104〜105ページ

標準クラス

1 (1)(例)駅員が僕の出した五円紙幣を十円札だと思い込み、つり銭をまちがえて余分に出してしまったこと。
(2)イ　(3)エ
(4)(例)ホームを掃除していた駅員が、自分よりも年下らしく、細い体で弱々しい感じに見えたこと。

考え方

1 (3)現在《げんざい》の円の価値《かち》とちがって、当時の五円とは、万年筆やナイフが買えるほどの大金だということが読み取れます。この大金を手にした主人公の心情《しんじょう》の変化を追っていきましょう。

ハイクラス

106〜107ページ

1 (1)Aイ　Bオ　(2)ア　(3)ア
(4)子どもの小遣いのピンハネ
(5)イ

考え方

1 (1)どんな様子を表す言葉なのか、修飾《しゅうしょく》されている動詞《どうし》からあてはまるものをさがしましょう。A父さんは、これからはじまる修羅場をさけ、早くその場を立ち去りたいと思っています。「腰を浮かしはじめた」というのは立つということです。B「口をついて」というのは次々に出てくるということです。「歯切れのいい」という表現《ひょうげん》にも注目しましょう。(3)「修羅場」とは、はげしい戦いや争いの場所、という意味です。ここではどんな争いが起こるのかを考えましょう。

23 物語文を読む ③

標準クラス
108~109ページ

1 (1)ア (2)(例)運動がとくいではなく、ひ弱な少年だった。 (3)イ (4)実

考え方

1 (1)前の段落《だんらく》に、妖怪たちとの友達づきあい、とあります。(2)モヤシは、色が白くてひょろひょろと細長いことから、「モヤシっ子」など、ひ弱な様子のたとえに使われます。(4)実を結ぶ＝結実という熟語《じゅくご》でも表すことができます。「努力の結果、成功する」という意味で使われます。

ハイクラス
110~111ページ

1 (1)すべての人 (2)Aウ　Bイ　Cア (3)プレゼント (4)エ (5)イ

考え方

1 (1)「先生はクリスチャンじゃないけど、この日がとても好きなんだ。」とあり、そのあとに理由が書かれています。(4)この教室とは「ことばの教室」です。発音がうまくできない生徒に、それが遅《おそ》くてもたいした問題ではないと、先生ははげましています。

24 物語文を読む ④

標準クラス
112~113ページ

1 (1)(例)お兄ちゃんが家に帰ると言ったから。 (2)ウ (3)親ばなれ (4)ア

考え方

1 (2)「おじいちゃん」との会話の内容《ないよう》から、「お兄ちゃん」が自分の将来について悩んでいたことがわかります。(3)直前の『ジャックと豆の木』の話が何を説明するために引用されたのか、考えましょう。

ハイクラス
114~115ページ

1 (1)イ (2)自分の絵を描きたかった (3)口 (4)エ (5)(例)自分がでしゃばって、女の子の絵をぶちこわしたことがわかったから。 (6)(例)その子なりのテンポとやり方を大事にし、でしゃばらずに見守ることが必要であること。

考え方

1 (3)・(4)唇をかんでいる状態《じょうたい》から、何もしゃべらない、つまり口をきかない様子が読み取れます。さらに、唇をもっと強くかんで涙を流すという様子から、女の子のくやしい気持ちがわかります。(6)「負うた子に教えられ」とは、時には未熟《みじゅく》なものから教えられることもあるという意味のことわざの一部です。

チャレンジテスト⑦
116~119ページ

1 (1)イ・エ・カ (2)ア (3)ウ (4)(例)前もって相談がなく、後から知らせて「僕」たちをおろおろさせる身勝手さ。 (5)ア (6)僕は泣き続けるスナを寝かしつける

2 (1)Aウ　Bエ　Cイ (2)ア (3)必ず一~るまい (4)じゃぶじゃぶと歩ませて (5)頼信 (6)(例)・盗人を射落としていたかどうか。・盗まれた馬を取りもどしたかどうか。 (7)イ

考え方

1 (1)「呆気に取られる」とは、意外なことにおどろきあきれるという意味です。父の行動を確認《かくにん》してみましょう。(2)泣く様子はイの「わあわあと」と思われますが、

後のスナの泣く様子を読むと、声をおしころしていることがわかります。涙をこぼす様子を表すものを選ぶとよいでしょう。

2 (1)A雨がやんで走りやすくなったことから、さらにどんどん進んでいくことがわかります。B後に「ない」と打ち消しの言葉があることに注目します。(7)父と息子の行動が言葉をかわすことなく同じ方向に向かっていることから、強い信頼《しんらい》関係がうかがえます。

25 随筆文を読む ①

標準クラス 120～121ページ

1 (1)(例)メニューをながめながら何を食べようか、あれこれと迷《まよ》うこと。

(2)**イ**

(3)(例)女の子が食べきれないほどの量の食べものを皿にもっていたから。

(4)A**イ**　B**ウ**

(5)**イ**

考え方

1 (1)「そぞろ歩く」とは、あてもなくぶらぶらと歩く様子を表します。筆者のどのような様子を例えているのか考えましょう。(3)理由は、直後の文に書かれています。

(5)食べきれない量の料理は、きっと残されてしまいます。マナーも問題ですが、まずは作った料理がむだになることにがっかりすると考えられます。

ハイクラス 122～123ページ

1 (1)A**エ**　B**イ**　(2)Ⅰ勇気　Ⅱ新しい場所

(3)不安や心配　(4)五感を閉じていく

(5)(例)多くの人々は、いま生きているという冒険を行っているので、登山や川下りや航海をしただけで「すごい冒険だ」とは思えないから。

考え方

1 (2)観光旅行と旅に出ることをそれぞれ後にくわしく説明しています。旅に出ることとの説明から読み取りましょう。(3)――線②の直前に「そういった意味で」とあるので、理由が書かれていることがわかります。(4)「五感」とは人間の持つ五つの感覚のことです。これを閉じることで何も感じなくなるわけです。

26 随筆文を読む ②

標準クラス 124～125ページ

1 (1)A**イ**　B**エ**　(2)一

(3)(例)日記をつけはじめようとした決心が、自発的な衝動にもとづくものであったということ。

(4)**エ**　(5)食糧難

(6)宿題・たまってい　(7)**ア**

考え方

1 (3)指示語《しじご》の指す内容《ないよう》は直前にあります。(5)たかが「トマト」でも、当時は喧嘩になるほど貴重《きちょう》な食料であったことがわかります。(6)夏休みがあと半分しか残っていないことに気づき、たまった宿題のことが気になってきたわけです。

ハイクラス 126～127ページ

1 (1)A**エ**　B**イ**

(2)(例)買う側がつねに偉いとなると、売り手側はつねにがまんをしいられることになるから。

(3)(例)食事をして店を出るときに、「ごちそうさま」と言うおじさんを見たこと。

(4)(例)ろくな大人にあったことがないのだね

(5)インチキ

考え方

1 (3)ふつう、「すみませーん」と声をかけるところ、「ごちそうさま」という言葉だったので違和感を覚えた、とあり、その後で、また考え方や行動に変化があらわれています。(4)後に、「かわいそうになった」とあります。小学生の生意気な客に対して、少々皮肉っぽい言葉を考えてみましょう。

27 随筆文を読む ③

128～129ページ

標準クラス

1
(1)ウ
(2)(例)長男の言うことに対して同意する態度
(3)イ
(4)ウ
(5)(例)自分の父親を、まるで他人のようにあつかっていると感じたから。

考え方

1 (1)「あわをくう」とは、おどろきあわてるという意味です。(2)「イエス・マン」とは、何でもはいはい（イエス、イエス）と答えて調子よくしたがう人のことです。(3)「その夜」の兄弟の会話の内容《ないよう》に注目します。(5)おとうさんが「帰ってきた」ではなく「来よった」と言われたことから、近所に誤解《ごかい》されるのではと心配しています。

ハイクラス

130～131ページ

1
(1)自然の自浄作用
(2)㋐○　㋑○　㋒×　㋓×　㋔○
(3)ウ

考え方

1 (1)三段落目《だんらく》に、何もしないでも水が澄んでいる理由が書かれています。(2)鯉のいたあいだは、大掃除をしたり水を循環させたりして、そのままにはしておけなかったことから、自然の共存共栄は成り立たないと考えられます。(3)広島という地名から、原ばく投下という時代背景《はいけい》を思いうかべてみましょう。

チャレンジテスト⑧

132～135ページ

1
(1)エ
(2)社会に立ち向かう覚悟
(3)不作法の同志
(4)(例)秩序はまもらなくてもいいという感覚

2
(1)独立自尊
(2)わたしを主人と認めていなかった
(3)頑固な性格
(4)犬を飼うこと
(5)げんなりする
(6)(例)犬のしつけは大変だ

考え方

1 (1)指示語《しじ》の指す内容は、多くの場合直前に書かれています。ここでは具体的なことですが、それがどういう考えにもとづいているのかを考えてみましょう。(2)「踏《ふ》み絵」とは、キリスト教徒でないことを証明《しょうめい》させるために、キリストの絵などを踏ませるという、江戸幕府《えどばくふ》による政策《せいさく》です。東京という都市に対する筆者の緊張感を表す言葉をさがしてみましょう。

2 (1)再《ふたた》び犬を飼い始めた筆者が、育てる手間を猫の場合とくらべています。そこで、猫をどのようにとらえているか読み取りましょう。(6)犬のしつけに関する筆者の気持ちを表す言葉をぬき出してみます。大変だ、はらはらする、落ち着いて食事もできない、ひと苦労だ、ひどく時間をとられる、などをまとめてみるとよいでしょう。

28 詩を読む

136～137ページ

標準クラス

1
(1)ウ　(2)親
(3)①ア　②ういういしい
(4)オ　(5)イ　(6)ウ　(7)エ

考え方

1 (1)現代語（口語）で、言葉の数や調子にとらわれない型《かた》の詩です。(2)題名や「おまえは」という表現、そだつ様子などから、親が子をみていることがわかります。(4)空らんの前後で「せのびさえした」「もどってみたくて」と、反対の様子がえがかれています。(7)**ア**娘を「はな」や「たね」に例えていますが、さまざまな比喩表現はありません。**イ**詩全体に親の思いが表れています。**ウ**「ひとくきのはなのようだ」という句が何度もくり返されますが、理論的とはいえません。**オ**すべてがひらがなでやさしい印象ですが、社会的なテーマというわけではありません。

ハイクラス　138～139ページ

1
(1)①**イ**　②**イ**　③**ア**
(2)美しい
(3)紙風船・願いごと
(4)打ち上げの力（人間の意志）
　落下の力（物理的な自然法則）
(5)(例)希望を追い求めながらたえず障害に阻まれて挫折し、ときに放棄しそうになること。
(6)**ウ**
(7)**エ**

考え方
1 (2)最後の二行に作者の思いがこめられています。(3)実際《じっさい》に打ち上げているのは紙風船ですが、願いごとのように思いをこめて打ち上げています。(6)最後の二行について、言葉の順番が逆《ぎゃく》になることで感動が強調されています。このような技法《ぎほう》を倒置法《とうちほう》とよびます。

29 短歌・俳句を読む

標準クラス　140～141ページ

1
(1)**ウ**　(2)**イ**　(3)**エ**　(4)**ア**
(5)(例)これだけは伝えたいという親の必死な姿。
(6)反抗期・思春期

考え方
1 (1)「夕餉のときにいつも」の部分について、言葉の順番を入れかえて強調しています。(2)「母親は損な役回りである」とあります。子どもにいやがられるのを承知《しょうち》で叱るのだということを読み取りましょう。(3)子育てにおける作者の思いは、夫への不満、複雑《ふくざつ》な思いなど、決して明るく楽しいものではないことがわかります。

ハイクラス　142～143ページ

1
(1)季語　(2)**イ**　(3)**ア**
(4)①体言止め　②C
(5)A**ウ**　B**イ**　C**エ**　D**ア**　E**エ**
(6)E　(7)あらとうと
(8)①時雨　②も
(9)**ウ**

考え方
1 (1)「天の川」は秋を表す季語です。ほかの季節のものも調べてみましょう。(2)俳句の音数は、初句《しょく》から五・七・五で、合計十七音です。**エ**は短歌の音数で、合計三十一音となることから、「みそひともじ」と呼ぶこともあります。

チャレンジテスト⑨　144～145ページ

1
(1)**エ**
(2)**イ**
(3)**ア**
(4)①**ウ**
　②あなたは遂に飛びだした
　　筋肉の翅で
(5)**ウ**　(6)**C**

考え方
1 (1)現代語（口語）で型《かた》の決まっていない詩です。(2)詩の前にある問題文を読んで情景を理解しましょう。場所がプールであることがわかるでしょう。(3)日々の練習で日焼けした選手のすがたを想像《そうぞう》してみましょう。(4)倒置法は、言葉の順番を入れかえて感動を強調する技法です。

仕上げテスト① 146～147ページ

1
(1) Ⅰ自然にただ存在している　Ⅱ組織
(2) 人間のいる～織」がある
(3) **ウ**
(4) わたしのよ
(5) **エ**

考え方
1 (1)タンポポについては――線①の直前に、人間については後に説明されています。(2)小さな集団として、小さな島の例を出したあと、専門家の話もふくめてまとめています。(4)生活習慣《しゅうかん》のちがう外国の小さな島で筆者はどんな体験をしたのかを読み取りましょう。

仕上げテスト② 148～149ページ

1
(1) D・G
(2) (例)今までおそろしがっていた蛇に、こわがらず石を投げることができるような気がしたということ。
(3) (例)みな子にくらべると女の子らしくない自分に劣等感をいだいている「わたし」は、蛇の話でみな子をこわがらせることで、優越感をいだこうとしているということ。
(4) Sの字が反転しまた反転し
(5) **エ**

考え方
1 (1)わたし、信次郎、みな子の３人が話した言葉を、それぞれの情景《じょうけい》をふまえて区別しましょう。蛇を見たことがないのはみな子だけなので、Aはみな子の言葉です。(2)以前蛇を見たときは、こわい思いをしたはずなのに、今度は立ち向かっていこうとする自分を不思議に思っています。(4)蛇がはう様子を、Sの字が変化する様子に例えています。

仕上げテスト③ 150～152ページ

1
(1) 1**カ**　2**キ**　3**イ**　4**ウ**
(2) Ⅰ**エ**　Ⅱ**イ**
(3) 闇
(4) 生命力
(5) **ア**
(6) まるで空の
(7) ㋐ずっしり重くかぶさって　㋑山の夜
(8) (例)山の森は、生と死がおのずと一つになっているところであり、また、人間から文明化された面を取り除いてくれるところでもあるので、そこでは人間は裸の生命を取りもどせると同時に、自然のつくり出す様々な神秘も感じ取れるようになるから。
(9) **オ**

考え方
1 (1)・(3)それぞれの情景《じょうけい》にあてはまる俳句をさがしましょう。(2)森で見た水玉と東京でも見ることができるであろう水玉はことなることから、Ⅱは逆接《ぎゃくせつ》になります。季節や自然の様子を手がかりにするとよいでしょう。(7)直前に闇《やみ》の様子が説明されています。(8)筆者は、山の森で見た自然の様子に、いろいろなことを感じています。最後の一文にも集約されていますが、それらをまとめてみましょう。